最短で
好かれる
美人になる

Become a Favorite Beauty in the Shortest

髙橋有佐妃
Asahi Takahashi

すばる舎リンケージ

はじめに

長いあいだアパレルの仕事に携わるなかで、今まで、のべ4万7000人以上のお客様のスタイリングをしてきました。

4万7000人というと、たいていの人は「すごい！」といってくださいます。白状してしまうと、最初のころは「売上げをつくるためには、お客様から直接今のニーズを聞くのがいちばん！」という不純な動機から、情報ほしさにがむしゃらな仕事の仕方をしていたわけです。

その甲斐あって、接客させていただいた数多くのお客様からいろいろな悩みを伺ってきたのですが、そのなかでも

「今まで着ていた服が似合わなくなった気がする」

「イタいと思われていないでしょうか？」

「若く見られたいけど、若づくりと思われたくない」

Introduction

という相談が多いこと多いこと。

若いあいだは自分に自信があるから、何だって思い通りに着こなせます。でも30代も半ばになり40歳に近づくころになると、自信はなくなるし体型は変わるしで、だんだんとコーディネートの必要がないワンピースとか、無難な黒い服ばかりが増えていきます。

それに、本屋さんに行けば年代別に雑誌がわかれていて、お店に行けばブランドが年代別にずらりと並んでいる。35歳はこちらへどうぞ、40歳はこちらへどうぞ、とあらかじめ道筋が決められています。

それに慣れてしまうと「もう○歳だから」「年相応にならなくちゃ」と考えてしまって、自分に何が似合うのかとか、自分はどう見られたいのかといったことは、なんとなく後回しになってしまう。

こうしたアパレルの戦略と年齢ブロックのスパイラルから抜け出すのは、とても難しいのです。

私は日ごろからたくさんのお客様と接していますが、「この人、きれいだな」と思う方は、「自分がどうありたいか」を大切にしている方が多いです。

必ずしも、生まれながらの美人とかスタイルが良いとか、そういうことでもなく、自分を好きでいるために、自分に似合うものをよく知り、自分をよく見せるコツを実践している。

これって素敵な女性の特徴です。とくに年齢を重ねるほど、似合うものを身につけて素敵な自分でいること自体が一つの自己主張になるからです。


そして、もう一つ絶対忘れてはならないキーワードは「好感度」です。

以前おこなった日経新聞主催の好感度アップセミナーでは、あっという間に定員の2倍となるお申し込みをいただき、その関心の高さに驚きました。

私はミセス日本グランプリのカラーコーディネート公認講師も担当しているのですが、そこでも「好感度をもっと上げたいんです」と要求されることが多いです。

もちろん美人にはなりたいけれど、一方で、周りから好かれない美人ほど鼻につくものはないということを、みなさんよく知っているのです。

Introduction

でも、好感度は目に見えない分、正解がわかりにくいです。
本書ではそこをできる限り公式化して、読者のみなさんが必要に応じて簡単に取り入れられるようにしました。

私のこれまでの経験上、「きれい」で「好感度の高い」見た目になるのって、そんなに大変なことではないんです。本当に、小さなポイントを知っているかどうか、実践しているかどうかの違いといってもいいくらい。

この本では、そのポイントをできる限りわかりやすく言語化してきたつもりです。
髪、メイク、服、小物、しぐさ……。見た目のあらゆるところに、大人の女性が「きれい」と「好感度」を高めるためのポイントがあります。

これまで多くのお客様や現場を担当させていただいたなかで、コツコツと積み上げてきたこれらのノウハウが、みなさんのお役に立つことを心から願っています。
また、見た目には、「自分の好き嫌い」と、「周りからの好感度の高い低い」があります。本書で提供する知識やノウハウをヒントに、上手に両者のバランスを取っていただけたらと思っています。

「本では○○って書いてあるけど、私、これはゆずれないなあ」と思うのなら、それは一つの個性ですから、別のポイントでしっかり「きれい」と「好感度」を補っていきましょう。

私は、女性に必要なのは自信だと思っています。

「今」を充実させるために「きれいな人でいること」や「好感度を高めていくこと」ってとても意味があることで、多くの場合、自信に直結しています。

女性が年齢を重ねても自信を失わずにいられたら、私たちがいるこの世界はうんと生きやすくなっていくでしょう。

「日本中の女子をきれいにして、日本をもっと良い国にする」

この本でいちばん伝えたい私の信念です。

髙橋有佐妃

最短で好かれる美人になる◉もくじ

Contents

第2章　大人のメイクはくすみ対策で決まる

make

Contents

第3章 年相応の服より老けて見えない服

clothes

第4章 アイテムで女らしさをプラスする

items

Contents

第5章　美人の雰囲気はしぐさでつくる

gesture

装丁：菊池祐（ＬＩＬＡＣ）
イラスト：Ｔａｋａｋｏ

序章

何歳でも、見た目は
生きやすさにつながる

prologue

大人の女性の「きれい」ってなんでしょうか

40歳に近づくころから、ちょっとしたコツを知っていたか知らなかったかで見た感じに大きな差が出てきます。

同窓会で久しぶりに会った同級生を、良い意味でも悪い意味でも「あれ？　こんな人だったっけ？」って思ったことありませんか？

若づくりしすぎだったり、はたまた完全に試合放棄してしまっていたり。

もちろん、あのころよりあか抜けて魅力的になっている人もいるでしょう。

そんなとき、改めて自分を見つめ直して、「何歳になってもきれいでいられる人っていいなあ」とため息が出るものです。

だけど、「きれいになりたい！」と思う気持ちに遅すぎることはありません。

私はもうすぐ50歳ですが、

「私の人生はこれからが本番！」と思っています。

だって、人生１００年。まだたっぷりある残りの人生を、大好きな自分で過ごしていきたいって誰だって思うはず。

ご家庭を持っている人なら、奥様がキラキラ楽しそうにしていたらご主人も「僕も頑張ろう！」と思える。

お子さんがいる家庭では、ママが素敵だと「○○くんのママ、かわいいね！」と学校でいわれて、それだけで子どもはうれしくて学校に行くのが楽しみになります。

素敵な女友達がいれば、自慢したくなるし、見習いたい。

素敵な40代が増えれば、素敵な30代も増える。

素敵な先輩を見ると、これからの人生にワクワク感が増えます。

20代の美人は無自覚な人も多いけれど、アラフォーから「あの人きれい」っていわれる人って「きれいにしていよう」って自分で心がけている人です。

年齢を重ねた分だけ世の中のことが見えてきて、「きれいな人」が（本人が望むと望まざるに関わらず）周りの人に良い影響を与えていることに気づいているから。

大人の美人は自分が楽しみながら、周囲に前向きな雰囲気をつくっていくのです。

変化は顔周りに近いほど新鮮な印象に

年齢相応の魅力的な女性でいるためには、見た目って重要なファクターです。年齢を重ねていくときに、いちばん影響が大きいのは、ベースとなる髪や肌の質感が変わってくることかもしれません。

自分自身という素材を美しく保つには、日ごろの継続的なケアがとても大切。本書ではそのやり方も紹介しています。

だけど、完全に20代のまま時間を止めることはできませんので、若さが減ってきた部分は「身につけるもので補う」という考え方も必要です。

そこで重要なのは、自分の「見せ方」です。健康的で明るい人とか、落ち着いたかわいらしい雰囲気の人とか、オシャレに気を遣うタイプとか、見た目からはいろんな情報が伝わります。

自分自身という素材をどんなふうに見せていくか、自分に似合うものを活かせているかどうかも、もう一つの重要なポイントなのです。

でも、自分を魅力的に見せるといっても、そのために大きな出費はできません。

だから、まずは「上半身」を意識してください。

ほどんどの方は、1日のうち立っている時間より椅子などに座っている時間のほうがずっと長いです。机を挟んで話すことが多いこともあり、お互いに見ているのはほとんどが上半身、とくに顔周りです。

新しい靴には気づいてもらえなくても、ヘアスタイルやメイク、それに顔周りのアクセサリーは、その人がどういう人なのかをしっかり相手に印象づけます。

だから、季節の変わり目には、服ならトップス、アクセサリーならピアスやイヤリング、ネックレスから揃えていくのがおすすめです。バッグや靴はそのあとゆっくり選んでもいいでしょう（いきなり全部買うのはお金がかかりますからね）。

新しい試みは身体の上のほうを中心に取り入れていくと、周りからいつも新鮮な印象を持ってもらいやすくなります。

「あれ、なんか今日はいい雰囲気だね？」って思われるくらいのゆるやかな美人度アップを目指していきましょう。

全身を見て、雰囲気から美人にしていく

「きれいでいよう」と思ったら、出かける前に鏡を見る習慣をつけましょう。

上半身や正面の立ち姿はもちろん、後ろ姿と横顔を必ず鏡で確認することです。

後ろだけ髪がちゃんと巻けていないとかアイシャドウを端まで塗れていないとかの小さなミスを防ぐことができます。鏡の真ん前で見ればわからなくても、少し離れて見ると結構印象が違うのであなどれません。

まず、真正面から見た姿が整っていることはとても大事です。

人間同士が会うときは、男女を問わずまず相手の目を見ますから。

男性が女性を見るときには、目の次に胸とかお尻とか腰の女性らしいライン。

女性が女性を見るときは、目の次に体全体のスタイルを見ます。

値踏みという言い方はしたくありませんが、関わっていく以上、誰だって信頼できそうな人や素敵な人のほうが安心感があります。

大人の年齢なのに、髪と服装がちぐはぐだったり、相手に気後れしてうつむき加

減だったり、なんとなくだらしがないとかだと舐められかねません。

その一方で、誰かの顔を真正面から見つめる時間は24時間で考えるとほんの少しです。そばを通りかかる人がチラっとあなたを見て、「素敵な人だな」とか「何歳くらいなのかな」と思うとき、ほとんどが斜め横からや斜め後ろ、あるいは後ろ姿を見ています。

つまり、直接話したりはしなくても、自分の見せ方を心得ていて雰囲気やたたずまいが魅力的な人に、周りの人は好感を持つのです。これって、周りの人にいい影響を与えているということ。

「雰囲気イケメン」という言葉がありますよね。ぱっと見イケメンだけど、よく見るとそうでもないという男性のことです（失礼！）。

実際には女性のほうが、ヘアスタイルも服装もメイクもバリエーションが広くて、雰囲気で美人に持っていける可能性はうんと高いです。「私はきれいじゃないから……」なんて悩んでいるのなら、美人はもともとの容姿だけで決まるものではないと断言できます！

好かれる人は見た目にエネルギーがある

少しずつ美人度が上がっていくと、周囲の女性から微妙に嫌われてしまう場合があります。「あの人、最近きれいになったわね！　何かしたのかしら？」なんて、陰口をたたかれたり。

同性の反感を買うのは、それだけ魅力的になったということ。目標に近づいている証拠です。でも嫌われると消耗しますよね。少し前に『嫌われる勇気』という本が流行りましたが、毎日のことだとちょっとつらいです。

それに、大人の女性はただ美人なだけでは「きれい」とは思ってもらいにくい場合もあります。きれいになるだけなら「究極、お金しだい」というところもありますから。やっぱりその人の雰囲気やたたずまいが大切です。

大人のきれいって、どうしても好感度とのかけ合わせにならざるを得ません。「好感度が高いってそもそもなに？」と思う方もいるかもしれませんが、その基準は「友達になりたいと思える人なのかどうか」です。

学校の入学式で「友達になれそうな子、いるかな？」とキョロキョロしたことありませんか？　そんなときぱっと目につく子は、

①一緒にいるといいことが起こりそう
②明るい
③かわいい

この3つです。

①と②はとくに重要で、③は単体ではパワーが足りない。

好感度が高いのは、周りの人にプラスのエネルギー（若々しさや積極性といった前向きな雰囲気）を感じさせる人なんです。

本書では、そのために有効な髪型やメイクなどに加え、色の使い方、アクセサリーの活用法といったことについても、私のスタイリング実績のデータを元にお伝えしていきます。

「好感度」ってよく耳にする言葉ですが、じつは思っている以上に大切なのです。

「あの人素敵ね」と言われるような自分の見せ方を、ぜひ身につけていきましょう。

第1章

「きれい」と「好感度」のベースは髪

hair

まず、どんな雰囲気を目指すのか決める

女性の雰囲気を左右するいちばんの武器は髪です。

前髪の長さを数センチ変えるだけでも、その人の個性が別人のように変わってしまうほど重要なポイント。

自分を表現するときは上半身が大事だといいましたが、そのなかでも髪こそが「その人のイメージ」を決めてしまうといっても過言ではないのです。

同じ人であっても、髪をおろしているときとアップスタイルにしているときは、まったく雰囲気が違います。黒髪のときと明るいブラウンのときでも違います。

髪型によって似合う服がガラッと変わりますし、周りからの扱いもそれに応じて変わってきます。だから、自分はどんなふうに見られたいのか、周りの人とどんなふうにつき合っていきたいのか、よく考えておくことが大切です。

イメージを膨らませるために、サロンモデルさんだとか、素敵だと思う有名人がどんな髪型をしているかチェックしてみるといいでしょう。

自分と全然似ていない人だって、髪型でかなり雰囲気を近づけることはできます。大事なのは、自分自身が今までのイメージにとらわれないことです。

髪型の要素を、単純に「かっこいいイメージ」か「かわいいイメージ」の2つに分けるなら、だいたい次のような法則があてはまります。

◉かっこいいイメージ……ストレート、前髪なし（もしくは長めの前髪をサイドに流す）、暗めのカラーリング
◉かわいいイメージ……ふわふわウェーブ、前髪厚め、明るめのカラーリング

この基本を押さえたうえで、自分に似合うように要素を組み合わせていくといいでしょう。「かわいいイメージにしたいけど、甘すぎるのは似合わないかも……」という場合は、ウェーブのかかった髪に、暗めのカラーリングにしてみるとか。

髪型は見慣れているかどうかも大きいので、自分がどうなりたいかから逆算して、とにかくやってみるのがいちばんです。

前髪は好きな顔のほうで分ける

髪型で、自分で一瞬で変えられるところといえば「分け目」です。

ほどんどの方は、前髪から頭頂部にかけての分け目が左右のどちらかに寄っていますよね。「生え癖で勝手に左右に分かれちゃいます」という方も多いかもしれませんが、結果論だとしてもこれは正解なのです。

たいていの人は噛み癖などで顔に歪みが生じてしまうので、まったく左右対象の顔を持つ人は非常に少ないです。だから、分け目を左右どちらかに寄せたほうが、顔の左右非対称の違和感が小さくなるのです。

見る人は、より多く露出しているほう顔の印象でその人を認識しやすいです。

だから鏡を見て、「自分が好きなほうの顔」が大きく露出するように分け目をつけると、好きなほうの顔の印象が残りやすくなります（左側の顔のほうが好きなら、左側の顔の上に分け目をつくる）。

自分でどちら側の顔が好きか判断がつかない場合は、大きいほうの目の上に分け目をつけると、ぐっと華やかなイメージになります。もしくは目の形が好きなほうの上で分け目をつくると、自分の好きな印象に近づきます。

左分けと右分けとイメージが違うと思うのは、左右の顔のバランスが違うから当たり前なのです。

もっといえば顔の左側で分けるにしても、その範囲のなかでちょっとずつ分け目の位置を変えてみるとけっこう雰囲気が変わります。ですから、自分がよりきれいに見えたり、より好みの雰囲気が出る位置を探してみてほしいと思います。

それがわかれば、自分という素材をもっと活用しやすくなります。

あなたはどちらの顔のほうが好きですか？

その顔を見せるほうで髪を分けていますか？

真ん中分けにするとスマートな印象になる

顔が左右対称であることが必ずしも美人の条件とは限りませんが、美人に見えやすいのは事実です。

いわゆる美人コンテストのようなところでは、顔が左右対称に近づくようにメイクを工夫したり、非対称をカバーするために髪型を左右非対称にしたり、見え方をコントロールしたほうが好感を持たれます。

顔の非対称の違和感は、もちろんメイクのテクニックであたかも生まれつき左右対称だったかのように補整することもできます。

眉の高さを揃えたり、アイメイクで小さいほうの目をアイライナーで大きく見せたり、口元の歪みもオーバーリップ気味にリップライナーで輪郭をとったりすることでかなり左右対称に近づけることができます。

ただヘアスタイルで言うと「真ん中分け」は、顔がほぼ左右対称の人に特に似合う髪型なので、左右非対称な人はかなりメイクで補正しないとより非対称さが目立ってしまいます。

逆に顔が左右対称に近い方は少数派なので、ぜひ真ん中分けに一度は挑戦してみてほしいと思います。真ん中分けにすると、少し優雅だったり、アートが似合うといった知的な雰囲気をまとえます。似合う人が少ないからこそ真ん中分けは目立つこと間違いなしです。

分け目をつくらない「ぱっつん前髪」も、顔が左右対称に近い方に似合う髪型です。ただ、こちらは個性がかなり強いので大人の女性で似合う方は希少です。

私が見てきた経験上、ぱっつん前髪で違和感がない方は、顔が左右対称の方で、なおかつ髪型に負けない個性的な雰囲気を持った方です。後者のハードルが加わるため、似合う方は左右対称のお顔の持ち主でもほんの一握りです。

取り入れるときは鏡とにらめっこして、顔の左右を極力対称に近づけるメイクをしてから挑戦してくださいね。

髪はまっすぐに分けなくてもいい

「最近、髪が薄くなってきたかも……」

40歳くらいになるとこんな不安を感じる方が結構いらっしゃいます。

私も「あれ？　大丈夫かな？」と心配になった時期がありました。

大人の女性が、気になってしまうのは頭頂部の髪の薄さと生え際の白髪ではないでしょうか。トップの毛量が少ないと夕方ごろには髪がペタンとなってしまったり、分け目の頭皮が目立ってしまうこともあります。

そういう悩みをすぐに解消できる方法があります。

髪の分け目をまっすぐではなくジグザグに分けるのです。

分け目がジグザグだと、上から見られても分け目が見えないし、ボリュームも出せます。プラス、若々しくあか抜けるという一石三鳥のトリプル効果があるのです。

具体的にはタレントのｙｏｕさんを思い浮かべてみてください。

もともと素敵な女性ですが、ジグザグ分けにすることで、さらに年齢不詳の若々しい雰囲気になっています。

私は40歳の頃から10年間ほぼ毎日ジグザグ分けを取り入れています。

分け目をジグザグにするのは簡単で、基本は生え際からつむじに向かって、1辺が3センチくらいのジグザグに3回ほど折り返して線を引く感じです。

ジグザグの振れ幅が小さく分け目が直線に近ければ繊細な雰囲気に、ジグザグの振れ幅を大きくするとラフな感じになります。

youさんはかなりジグザグの振れ幅が大きくて、分け目からかなり離れた左右から髪をざっくりとることで、かなり無雑作な雰囲気になっています。

ジグザグは持ち手が細くなっているコームの柄の先を使うときれいにできます。指でもできないことはないですが、髪の流れをムリヤリ変えるのですから、コームの柄くらい細いほうが簡単です。

分けた直後のボサボサをちゃんと左右に分かれるように整えて、あとはヘアスプレーで固めてしまえば1日ふんわりした状態をキープできます。

なお、頭皮にスプレーがかかると毛穴が詰まって髪が薄くなる気がするので（あくまで気がするだけですが）、私は分け目の地肌に手を当ててブロックした状態で髪の根元から約2〜3センチより先のところにヘアスプレーをしています。

髪のボリュームは重要です。とくに頭頂部は髪の量が多く見えるほうが絶対若くみえるので、極力ふんわりできるようにコツを押さえましょう！

【髪の分け目をジグザグに】
分け方は上のイラストのような感じになります。髪がふんわりするため、上から見ても分け目が見えにくくなります。

「萌え毛」が雰囲気をやさしくする

分け目に続いて知っていてほしいのは、顔周りにある「萌え毛」を意識することです。萌え毛とは、前髪とサイドの毛をつないでいる斜めの毛のことです。

身の回りで女性的なやさしい雰囲気のある女性を思い浮かべてみてください。「ここからここまでが前髪で、ここから先は横の髪です」とはっきりわかれていないことが多くないでしょうか。

それは分け目から目尻のあたりを通ってサイドに流れている絶妙な長さの髪が存在しているからです。この毛束があるだけで、女性らしいやさしい顔立ちに見せてくれるのです。

萌え毛には女性を美人に見せるための２つの効果があります。

一つは顔の余白を減らして小顔に見せること、もう一つはフェイスラインのアラを目立たなくすることです。この２つは萌え毛で簡単に解決できるのです。

「萌え毛？　そんなの私にはないわ」と言う方が多いのですが、実際マンツーマンでコンサルをすると、ちゃんと美容師さんが萌え毛をつくってくれていることが多いです。気づいていない方は、ちょっと短めの横の毛みたいな感じで、だいたい横の毛と一緒になじませています。

前髪の端のほうにあってサイドより短めの髪なので、意識して見てみるとすぐにわかります。まず鏡で萌え毛を探すことから始めましょう！

【萌え毛のイメージ】
髪の分け目から目の横を通ってサイドに流れる髪。この毛束には、「小顔効果」と「フェイスラインを目立たなくする効果」があります。

動きと陰ができることでほんのり女らしく

萌え毛の長さは、ギリギリ耳にかけられるくらいはあると便利です。

これを頬骨の上くらいの高さで、1回くるんと外にはねさせましょう。

萌え毛は、とくにフェイスラインで悩んでいる方にとって強い味方です。

たとえば、頬骨が高かったり横に出ていたりすると、ちょっと頑固なイメージに見えやすいです。しかし、その頬骨を萌え毛のカールで柔らかくカバーすると、劇的にやさしい雰囲気に変わります。

「萌え毛は内巻きのカールでもいいですか？」という質問もたまにいただくのですが、長さによっては目や口にかかってしまうので、ここはあえての外ハネで。

ワンレングスのような、もともと前髪をつくっていない方の場合は、あごの長さくらいで少し萌え毛をつくるとバランスが良くなります。この場合は少し下のほう、頬の下にくるんと外ハネができるといいでしょう。


萌え毛があると、書き物をしたりうつむいたりといったちょっとした動作でも、顔周りに動きが出て陰影を感じさせます。これが魅力的な雰囲気をつくり出すのです。

ちなみに、アイドルの方の「触角」と言われている直毛の萌え毛は、ほぼ真っ直ぐに固めています。

大人の女性の場合はくるんと巻かない場合でも、ハードスプレーで固めたりせずに自然に輪郭に沿って落ちているくらいのほうがいいでしょう。

輪郭がシャープな人は萌え毛を増やす

髪を後ろで一つにまとめるときも萌え毛は活用できます。

人によっては全部の髪をタイトに結ぶのも素敵ですが、一筋でも萌え毛を残しておけば、おでこから耳までのフェイスラインを和らげることができるので、女性らしいニュアンスがぐんとプラスされます。

ここで確認していただきたいのが、自分の顔の輪郭の形状です。

全体として凹凸が少なめで丸みがある「ラウンドタイプ」なのか、エラが張っていたり頬骨が高めだったりする「シャープタイプ」なのか。

41ページにチャートを載せているので、ご自身がどちらに近いかを見てください。

ラウンドタイプの方がアップスタイルにする場合は萌え毛を少なめに取ります。多く取ると横幅が出てしまうためです。ここは萌え毛があることで女性らしいニュアンスを出せればいいので、ゆるくワンカールすればより効果があります。

反対にシャープタイプの方がアップにする場合は、フェイスラインをカバーするために萌え毛を多めに残しておくことが美しく見える秘訣です。

残した萌え毛は、くるりと巻いてエアリーな仕上がりにすると、よりマイルドで女性らしい仕上がりになります。

シャープタイプのなかでも、顔がベース型でエラが張ってる方がフルアップにする場合は、多めに取った萌え毛（あごくらいの長さがあればベスト）を、外巻きにワンカールすればエラもカバーできます。

自分の顔のタイプを知る

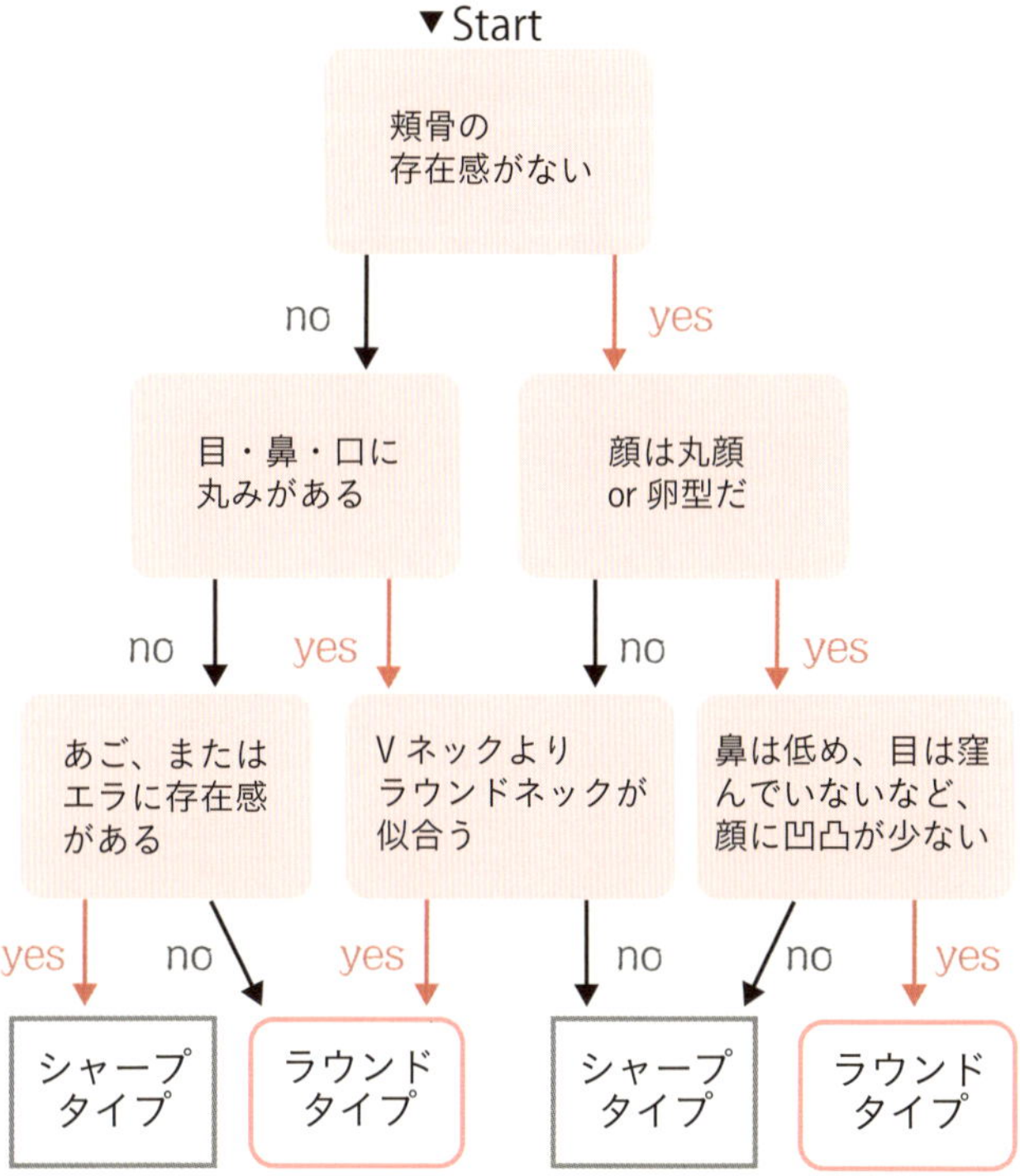

直毛よりうねりのある髪のほうが好かれる

人に好かれやすいかどうかという基準でいえば、直毛より、ほどよく癖がありふんわりした髪のほうが有利です。

概ねストレートヘアは「フレッシュ」「意思の強さ」「落ち着き」というイメージ、適度にうねりのある髪は「大人」「柔軟性」「遊び心」を感じさせます。

まっすぐな美しい髪の人には憧れる部分もありますが、身近な人間関係においてはやや近寄りがたい印象を持たれがち。

ですから、「私、自分のくせ毛が好きじゃないんです」という方は多いですが、ストレートパーマをかけて真っ直ぐ伸ばすのはおすすめしません。

むしろ、クセを活かしながら動きを出したほうが親しみやすさが増します。

とくに「頬骨が出ている」「えらが張っている」「あごがとがっている」というように顔に直線が多いシャープタイプの方は、髪に動きを出すことで印象がかなりマイルドになるのでぜひ活用してほしいと思います。

一方、ラウンドタイプのなかでもとくに丸顔の方は、ストレートヘアにすると髪の直線との比較で顔の丸みが目立ってしまうため、あか抜けない印象になってしまいます。

ですから、パッと見ではストレートっぽくても、よく見るとほどよいウェーブがあるとか、顔周りや毛先に動きを出すというように、少しでもうねりをつくっておくことで大人の女性らしい柔らかさを出すことができます。

理想は動きに合わせてふわんと揺れる髪

好感度の高さで万能なのは、自分の動きに合わせて髪もふわんとゆれるくらいのカールを毛先につけることです。これは肩につかないくらいの短めの髪の方にも言えます。

ホットカーラーでちょっと熱を加えて、サイドや後頭部の髪を伸ばす感じに1カールゆる巻きにすると、簡単に女性らしい雰囲気を出すことができます。

ホットカーラーだと巻きが強くて好みじゃないという場合は、熱を使わないマジックカーラーを使うとごくゆるいカールがつきます。マジックカーラーは100円ショップなどでも販売していますから、試しに使ってみるといいでしょう。

もちろんコテを使っても巻けますが、その場合は一束づつ巻くことになるので少し余計に時間がかかります。

内巻きでも外巻きでも1カールするだけで柔らかいニュアンスが出ますし、外巻きと内巻きを混ぜると明るい活発な雰囲気になります。

もともとが直毛の方でも、ホットカーラーやマジックカーラーを活用すると、てっとりばやくイメチェンできて、周りに与える印象をガラッと変えることができますので、ぜひ毛先にカールをつけてみてください。

また、せっかく巻いたのにすぐにカールが取れてしまってはもったいないので、カールの後は手ぐしで整えてサッとヘアスプレーをしておきましょう。

髪から20センチほど離れたところから、髪全体にスプレーするのがコツです。

あまり近くからかけると、そこだけベタっとしたり、いかにもスプレーしましたという感じでキラキラ光ったりするので注意してくださいね。

丸いシルエットのカットを取り入れる

どんな髪型にしようか考えるときに、多くの人がホットペッパーなどのサロンモデルさんを参考にしています。そのときに人気のスタイルが、頭の形が丸く見えるシルエットになるようにカットすることです。

丸いシルエットはクセがないので好感度が高く、先ほどの萌え毛と合わせて「後頭部が絶壁」「顔が長い」「顔が丸い」といった悩みをかなり補正してくれます。

丸いシルエットの原則はシンプルで、頭頂部からあごまでのあいだで、耳横、あるいは耳の下あたりの髪の膨らみがもっとも大きくなることです。

ヘアカットをするとき、耳横の髪のボリュームが他のところより大きくなるようにオーダーすると、うまい具合にサイドの髪にレイヤーを入れてもらえます。

この状態で正面から顔を見たときに、頭頂部と、両サイドの髪のもっとも膨らんでいる部分、それにあごを点として結んだ場合に、それぞれの線が同じくらいの長さで菱形になっているのが理想的です。

ショートヘアの場合はこれがいちばんバランスが良く見えます。
ミディアムヘアやロングヘアの場合は髪の長さがありますので、好みによっては膨らみを少し下にずらしてもいいでしょう。

さらに前髪もつくっておくと、顔の見え方も調整がしやすいです。

大人の女性の場合は、ワンレングスのように前髪がなかったり、シースルーバングスのように前髪が薄い髪型だと、おでこのしわや生え際の薄さ、さらには生え際の白髪が見えやすくなります（どれも絶対隠したいですよね）。

これらは、前髪を厚めにつくっておくことでカバーしやすくなります。

前髪の厚さは、おでこの生え際から何センチくらい後ろまで前髪にしているかで決まります。私の場合はおでこ（＝カバーする面積）が広いため、おでこの生え際から頭頂部に向かって6センチくらいの幅を前髪にしています。

これでおでこのシワはほとんど見えませんので、その分だけ老け見えの要素を減らすことができます。

髪を耳にかけると洗練される

髪はもともとの髪質やその日の湿度などによって、ボリュームが出すぎてしまうことがありますよね。とくにサイドの髪が本来あるべき状態より膨らみすぎて爆発すると野暮ったくなりやすい。

そこで髪のボリュームを調整する方法として、「耳かけテクニック」があります。ヘアセットがうまくいかないときは、とりあえず髪を耳にかけてみましょう。

例えば今日はぺったんこだからちょっと耳にかけてふんわり見せるとか、ボリュームが出過ぎたときに少し多めにかけてボリュームをタイトにするといった具合です。雨の日は髪が膨らみやすいので、それを見越して耳にかける量を調整すると、一日良い状態で過ごしやすいと思います。

また、髪の耳かけで、アクセサリーや肌の見え方も調整できます。

ですからオシャレをするときは、髪がどこを通って、最終的に毛先がどこに着地するのかも計算しながら、全体のバランスを見て耳かけをしていきましょう。

たとえば、イヤリングやピアスが自分が見せたい感じで見えているか。髪を片方だけ耳にかけてハッキリ見せたり、耳にかけつつも多少外側の髪を耳にかぶせて隙間からチラッとのぞかせたりすることもできます。

髪が長い人なら、ネックレスが効果的に見えるように工夫することも大事です。デコルテを広く見せていくのか、ちらっと見えるくらいにするのかでも、耳かけの髪の量は変わります。

襟がついている服を着るなら、野暮ったくならないように髪をまとめるとか、まとめないにしても耳に多めにかけて髪を後ろに持っていくほうがいいでしょう。

こういう点をしっかり計算して耳かけをおこなっていくことで、大人の女性の美しさや品の良さにつながっていくのです。

なお、耳かけはあくまでも最後のさじ加減としておこなうことなので、必ずヘアセットのあとやアクセサリーをつけたりしたあとにしてください。耳にかけたあとに髪を巻いたりピアスをしたりというのは、うまくいきません。

あえて耳を見せるとかわいらしさが出る

女性の場合、髪で耳が覆われていることが多いのですが、普段耳を出さない人が思いがけず耳を出していると、見ている人は案外ドキッとするものです。

「耳かけ」を全体のバランスの調整としてだけでなく、時と場合によってあざとく使ってくのも、周りに新鮮な印象を与える一つの方法です。

まずは耳の真上にある髪だけを耳にかけてみてください。髪のあいだから耳がのぞいて、小動物っぽいかわいい感じになれるのがわかると思います。耳にかける量が変わると耳の見える分量も変わりますから、いろいろ調整してみてくださいね。

耳かけしたあとに、取れないように固めて隠しピンをするのも手です。

サイドの髪をざっくり耳にかける場合も、かわいらしさを出したい方は、萌え毛を残した状態で耳かけをおこなうといいでしょう。これだと、年齢が出やすいサイドの生え際をカバーすることもできるので一石二鳥です。

耳かけは上手に使うと洗練度がアップするので、いろいろ試してみましょう。

大人っぽくうなじを出すときの注意点

ふだん見せないところを見せるということでいうと、ロングヘアの方がどちらかのサイドに髪を寄せて、うなじを見せるスタイルも大人気です。

ちょっとセクシーで大人っぽくなるので、夜のお出かけにも適しています。

この髪型も分け目のときと同じで、自分がきれいに見えるほうの顔がよく見えるように、髪をよせて前にたらしたほうが美人になります。顔の左右非対称を補う効果があるからです。

ただ、うなじを見せるときは、毛の処理を必ずしてください。

髪をよせたりアップにしたときに、おくれ毛（残り毛）ってありますよね。

あれは女性用のフェイスシェーバーで剃るとか、スタイリング剤をつけて毛の流れに沿ってとかすだけでも結構きれいになります。

ふだん見せないところだからこそ、油断は禁物です。

カラーリングするなら色味よりツヤ

カラーリングの際に、何よりも気にかけるべきは色より「ツヤ」です。

ツヤ感があったほうが断然若く、美人に見えるからです。

ではどうすればツヤが出せるかというと、カラーリングでは赤系やピンク系、もしくはパープル系のブラウンを選びましょう。

私たちの肌は、大きく「ベージュが似合う肌」と「グレーが似合う肌」の2タイプに分けられます。

カラーリングで赤系やピンク系のブラウンが似合うのは、ベージュの服やオークル系のファンデーションがしっくり来る方です。

一方、パープル系のブラウンが似合うのは、グレーの服やピンク系のファンデーションが合っている方です。

簡易的に判断するなら、手首の内側をみたときに、血管の色が緑の方はベージュが似合い、青や紫色の方はグレーが似合うことが多いようです（例外もあるので、実

自分に似合う色のタイプを知る

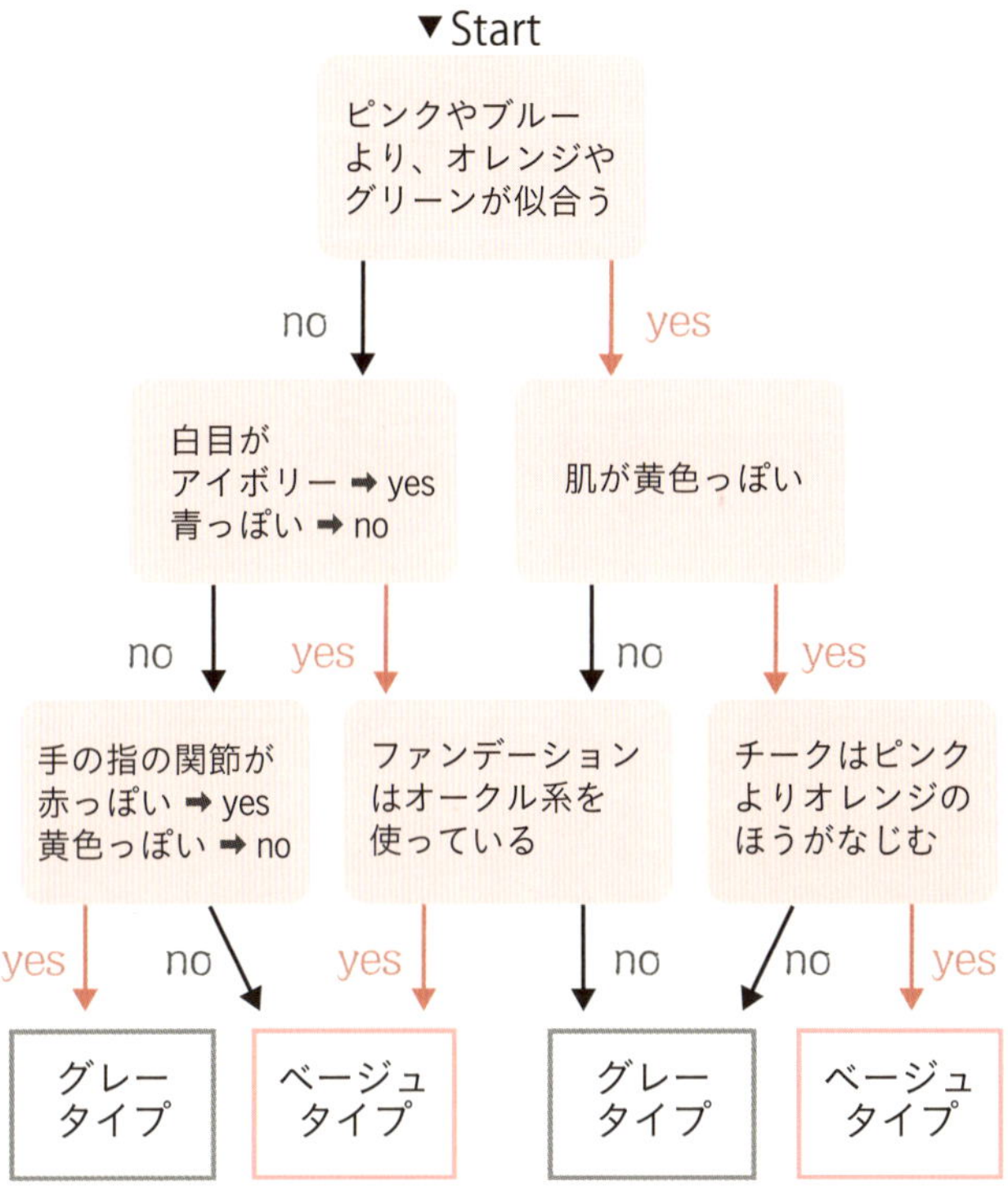
▼Start
ピンクやブルーより、オレンジやグリーンが似合う
no
yes
白目が
アイボリー ➡ yes
青っぽい ➡ no
肌が黄色っぽい
no
yes
no
yes
手の指の関節が
赤っぽい ➡ yes
黄色っぽい ➡ no
ファンデーションはオークル系を使っている
チークはピンクよりオレンジのほうがなじむ
yes
no
yes
no
no
yes
グレータイプ
ベージュタイプ
グレータイプ
ベージュタイプ

際にベージュやグレーのお洋服をあててみて判断したほうがいいですね）。

よく見かける黄色系ブラウンは、ある程度髪質が良い人以外は選ばないほうが賢明です。多くの場合、黄色が強く出てしまい、髪がパサついて見えるからです。

黒髪の方はツヤがある方はそのままで大丈夫ですが、ツヤがない場合は実際より老けて見えるので、やっぱりカラーリングに頼るほうがいいと思います。

髪色を明るくしなくても、赤系やピンク系、パープル系の要素を入れることでツヤがプラスされるという感じです（もともとツヤがある方は油があるということです。中にはこの油がイヤだという方もいて、そういう場合はカラーリングで少し茶色くすると油が抜けてバサッとしたニュアンスを出せます）。

カラーリングするときは、ツヤが出て見えるかどうかを必ず美容師さんに確認しましょう。「ツヤを出したいんです」って伝えれば、おすすめの色を教えてくれます。

なお、アラフォーより上の方がに白や黄色っぽいメッシュを入れるとバブリー感が出やすくなるので、判断は慎重に。

髪にツヤを出すための3つの方法

髪のツヤは、その人の清潔感や見た目年齢を大きく左右します。ツヤがないと若い方でも老けて見えてしまうので、普段のメンテナンスやケアがとても大切です。

カラーリング以外で手軽にツヤを出す方法としては、「ワックスをつける」「ヘアオイルをつける」「コンディショナーを上手に使う」の3つの方法があります。

・ワックス

ワックスは昔は固めのテクスチャが多かったのですが、今はオイルタイプがたくさん出ていて扱いもとても簡単。髪の質感をコントロールしたり、伸びて来た髪の膨らみを抑えたりするだけでなく、ツヤを出す効果も期待できます。

萌え毛や耳にかける髪の毛先に束感を出すときに使うと、一緒にツヤも出ます。

・ヘアオイル

ヘアオイルは、髪を乾燥から守るためにヘアドライの前につける人が多いですが、保湿効果もあるので、乾いた髪につけてパサつきを改善するのにも役立ちます。

2滴ほどを手でなじませるだけで簡単にツヤをプラスできるので便利です。

64ページで紹介しているアルガンオイルは、髪にも使える万能選手です。

ただし、前髪に厚みがない方は前髪にオイルがつかないようにしてください。

10代、20代の女性には、薄めにつくった前髪にオイルをつけて束感を出すスタイルが人気ですが、これだとおでこがかなり見えてしまいます。

しわや生え際が気になる方は前髪に束をつくらないほうが安全です。

・コンディショナー

最後に、ヘアメイクさんに教わった効果的なコンディショナーの使い方です。

コンディショナーは、シャンプーのあと毛先のほうから髪に揉み込むようにつけていくのが基本です。この過程を丁寧に行って何回か揉み込んでいくと、髪の手触りが急に変わる瞬間があります。その瞬間が来るまで揉み込み続けてください。

そうして洗髪後、ドライヤーで乾かすと髪の手触りもツヤも全然違います。

コンディショナー自体の価格が高いとか安いとかは関係ありませんので、毎日の洗髪のときに、ちょっと丁寧にやってみましょう。

髪は下を向いて乾かすとボリュームが出る

朝のヘアセット前にシャンプーすると、髪が扱いやすくなります。

事前に汗や油分をとったほうがスタイリングがうまくいくし、乾かすときに熱を加えることで髪の根元が立ち上がり、しかもツヤツヤになるからです。

髪の根元が立ち上がることは、髪のボリュームに直結します。

以前、ヘアサロンの方に「どうしたら髪の毛がふんわりして、若々しく見えるでしょうか」と質問したことがあります。答えは、「髪が薄くなっているとか弱っているという認識があるのなら、下を向いて髪の毛を生えている方向と逆向きに乾かすと良いですよ」ということでした。

下を向いて後ろからドライヤーの温風をあてて乾かすと、頭頂部の髪は根元から前（顔側）に向うようにクセがつきます。

そうやって乾いたところでヘアセットをすれば、髪の根本がふんわり立ちあがってそのまま1日くらいはもつのです。

夜シャンプー派のみなさんは、朝ヘアセットする前に下向きにドライヤーの温風を当てるだけでも髪の根元が立ち上がってふんわり感がでます！

ぜひ試してみてくださいね。

トップをふんわりさせる簡単巻き

頭頂部にボリュームがないと老け見えの原因になります。

そこで、どうしても頭頂部の髪がペタンとしてしまうときは、その部分をカーラーで巻いてボリュームを出すことで劇的に若々しく見せることができます。

やり方は簡単で、頭頂部の髪を前後2つに分けてそれぞれ直径4センチほどの太めのホットカーラー（もしくはマジックカーラー）で巻くだけです。つむじより前の髪は前に向かって内巻きに巻き、残った後ろの半分は後ろ向きに内巻きにします。

前髪も中くらいのカーラーで内巻きにすると、髪とおでこのあいだに隙間ができるので、顔に陰影ができて美人度が上がります。

髪を巻くための所用時間はカーラーを温めた状態から3分。

全部巻いたら、すぐに巻いた順にカーラーをとって大丈夫です。

頭頂部の髪は上にグッとひっぱって逆毛の要領を手ぐしを通してほぐします。あとは全体をくしゅくしゅ潰して分け目をジグザグにしたら、スプレーして完成です。

全体をふんわりさせるボリューム巻き

私自身の髪型は、今は仕事柄も評判がいい「ボリューム巻き」で落ち着いています。先ほどの簡単巻きがトップにボリュームを出すことを目的としていたのに対し、こちらはトップだけなくサイドや後頭部も含めて全体的に髪のボリュームが少ない人におすすめです。

巻きの強さやくずし加減よって上品にもカジュアルにも応用できますし、華やかに見える割にとても簡単なので、髪のボリュームに悩んでいない方も習得しておいて損はありません。

巻き方は次のような感じですが、巻く位置や巻きの強さはそれぞれにアレンジしてみてください（ホットカーラーを温めておけば、所要時間は5分程度）。

◉準備するもの

・ホットカーラー、もしくはマジックカーラー6個（大4個、中2個）

・アレンジスプレー（私は「フリーアレンジ」を愛用しています）
・ハードスプレー（私は「ケープ３Ｄ」を愛用しています）
・カーラーローション（私は「サラ巻き髪カーラーウォーター」を愛用しています）

まず59ページの要領でトップに2つ太めのカーラーを巻きます。

サイドは左右に太めのカーラーを一個ずつ、襟足と前髪の癖づけに中カーラーを一個ずつです。

ホットカーラーで髪に熱を加えるときは、事前にカーラーローションを先にスプレーしておくと、髪も傷まずにカールも一日中いい感じのままキープできますよ。

全部巻き終わったら、最初に巻いたのから順に全部取ってください。

トップの髪は59ページと同様に、上に引っ張って逆毛を立てる要領で手ぐしを通してほぐします
サイドや後頭部の髪もこの段階ではぐるんぐるんにクセがついているため、一回手でくしゅくしゅくしゅくしゅと崩します。そのあと「ケープフリーアレンジ」を、ボ

リュームを出したいところの根元にかけてくしゅくしゅっとします。

あとは髪の分け目をジグザグにつけて整え、ケープ３Ｄをシューで終わりです。

頭頂部が気にならない方は、コテでそれ以外のところをゆるく巻くだけでも十分素敵です（ホットカーラーを使う理由は時短になるからです）。

第2章

大人のメイクは
くすみ対策で決まる

make

化粧水をたっぷりの量吸い込ませるには？

ツヤがモノを言うのは髪だけでなく肌も同様です。
その日1日の肌の質を最高に保つためには、スキンケアがとても大切。
準備していただきたいのは次の3つです。

・化粧水（しっとりタイプ）
・アルガンオイル（肌が乾燥気味の方や、季節の変わり目でカサつくときなど）
・フェイスクリーム（こっくりした感じのもの）

まず大事なのは化粧水の使い方です。
朝、顔を洗ったあとは水の蒸発とともに肌がどんどん乾燥していきます。
ですから、顔を拭いたら間髪入れずに化粧水で保湿しましょう。
片方の手のひらをこぼれないように窪ませて、2、3振り化粧水をのせたら、両手のひらになじませて、やさしく肌にプレスします。

頬や額といった面積の広い部分はもちろんですが、目、鼻、口といったしわや毛穴が目立ちやすいパーツの周りも忘れずに。気になるところほど、ちょっと濡らして終わりにならないように、ぎゅっぎゅっと浸透させます。

そして、手に残った化粧水は首とデコルテまで伸ばしておきましょう。年齢が出やすい部分なので、若いときからケアしておくとのちのち差が出てきます。

値段は安いものでいいので、すぐに乾くレベルではなく、もうこれ以上は吸い込まないだろうというくらい、たっぷりの量を肌に吸い込ませるのがポイントです。顔がぴちょぴちょになるくらいでちょうどいいと思ってください。

化粧水のタイプは、さっぱりタイプとしっとりタイプがある場合、大人の女性はしっとりタイプ一択です。どちらも成分はほぼ同じですが（高保湿タイプなどはまた別です）、しっとりタイプのほうがテクスチャが重めな分、肌をモチモチした状態に保ちやすいです。

水分をたっぷりと含んだみずみずしい肌がツヤ肌の条件ですから、おろそかにしないようにしましょう。

肌に含ませた化粧水に蓋をする

化粧水をたっぷり肌に含ませたら、まだ顔も手も化粧水で濡れているうちに、手のひらにアルガンオイルを1、2滴落としてください。

手に残った化粧水と混ぜて顔全体に伸ばします。

とくに、しわが気になる目の周り、口の周りの部分などは念入りにプレスしましょう。

アルガンオイルを使うと美容液のように肌に膜を張ってくれるので、化粧水が浸透しやすくなり、肌に化粧水を押し込むためのダメ押しになります。

そのうえ保湿効果が高いので、乾燥する季節はこれをやっておくことで肌のもっちり感がまったく違ってきます。

顔だけでなく全身のケアに使えますので、肌が乾燥しやすい方、しわになりやすい方などは活用するといいでしょう。

アルガンオイルを化粧水と混ぜて顔に伸ばしたら、すぐ顔が乾かないうちにフェイスクリームを薄く顔全体に塗ります。

乳液とクリームで、「どちらを使ったらいいのか」「両方使ったほうがいいのか」という質問をときどきいただくのですが、基本的には乳液かクリームかのどちらか片方を選びます。そして、大人の女性にはクリームをおすすめします。

保湿という意味では乳液でもいいように思うのですが、乳液はどちらかといえばオイリーな肌向き。

だから、最終的には肌質によるのですが、肌にうるおいが少なくなってくる大人の女性には、クリームのほうが役に立ちます。朝も夜もクリームです。

たっぷりの化粧水を含ませた肌に、油分が多めのこっくりしたクリームで蓋をして透明感のある肌を持続させましょう。

スキンケアで全体を通して気をつけてほしいのは、化粧水からクリームまで、途中で一度たりとも顔が乾かないようにすることです。顔がべちょべちょのまますべてを進行していってください。

マットなメイクアイテムは使わない

化粧品には、マットアイテムとツヤアイテムがあります。

大人の女性がマット系のフェイスパウダーを使ってしまうと、笑ったときにしわが残ってしまう人もちらほら……。

アラフォーになったら「マット」と名がつく化粧品は、なるべく使わないこと。パウダーが目尻やほうれい線のしわにたまったまま1日を過ごすことになりかねません。頬の毛穴も目立ちやすくなるし、毛穴クレーターに化粧品が詰まった状態になってしまうと悲惨です。

アイシャドウも、マットなものを使うとまぶたのしわや窪みが目立ちます。

もともと目の周りの脂肪が少なく外国人みたいなお顔だった人は、アラフォーになると目が窪み老けた印象になりやすいです。

目が窪んでいる人はアイシャドウをつけすぎないように注意しながら、アイメイクの前にベージュのアイシャドウベースを塗ってからアイシャドウをつけるとくすみも取れてふっくら見えます。

口紅もマットなものやリップティントは、乾燥しやすくて縦じわに年齢が出てしまうので避けたほうが無難。

マットな化粧品は年齢によるアラが目立ちます。

買うべきアイテムのキーワードは「ツヤ」と心得ましょう！

リキッドとフェイスパウダーを組み合わせる

透明感のあるツヤ肌を目指すにあたって、厚塗り感が出やすいパウダーファンデーションは避けたほうが安全です。

ベースメイクでナチュラルな印象をつくるには「リキッド（BBクリーム、CCクリーム、リキッドファンデーション）＋ミネラルフェイスパウダー」のほうが適しています。この組み合わせは、メイクのひび割れが起きないのもいいところです。

リキッドには、BBクリーム、CCクリーム、リキッドファンデーションを挙げていますが、選ぶときにはそれぞれのカバー力を参考にするといいでしょう。

・BBクリーム…薄付きでカバー力は低い（下地＋ファンデーション）
・CCクリーム…薄付きでカバー力はほとんどなし（下地＋コントロールカラー）
・リキッドファンデーション…塗っている感が強くカバー力は高い

リキッドファンデーションのカバー力は、BBクリーム派、CCクリーム派の人がたまに塗るとびっくりするくらい強力です（CCクリームは素肌感を重視するので、もともとカバー力はありません）。

ですから、朝のメイクでは夕方まで色がもつリキッドファンデーションがおすすめです。「朝一はきちんと塗ってお直しは軽く」が、夜になるにつれて厚塗りになるのを防ぐ秘訣です。

一方、リキッドの上に乗せるフェイスパウダーは、メイクの崩れを抑えたり、化粧直しに使ったりするものです。ルースパウダーとプレストパウダーがあります。

朝のメイクではルースパウダーが適しています。カバー力はありませんが、粒子が細かくて軽いです。大きいブラシを使って広い範囲に均一につけることでクリアな仕上がりになります。

プレストパウダーは、カバー力が強めで分厚くつきやすいです。朝一から塗るのではなく、昼や夕方の化粧直しに適しています。顔色がいいときは厚塗りを防ぐためにプレストパウダーをブラシでつけ、顔色が悪いときはパフでつけます。パフは厚くつくため、部分カバーに適しています。

リキッドはブレンドして使うとちょうどいい

リキッドファンデーションを選ぶときに、自分の肌にぴったりの明るさが見つからないことは多いです。そんなときは、自分の肌のトーンより明るいほうと暗いほう、両方を買ってブレンドして使うことをおすすめします。

というのは、ファンデーションのお色というのは、いずれにせよシーズンごとに見直すべきものだからです。

うっかり日焼けしてしまうこともあるし、夏と冬でお肌の白さとか透明感は違います。使い分けようと思ったら2タイプは必要です。

私の場合は、リキッドファンデーションにCCクリームを混ぜて色を調整しています（CCクリームに下地の機能があるので、化粧下地は使っていません）。

CCクリームはたいてい色が白めなので、自分の肌より暗めのリキッドとセットで使っています。

必要に応じて混ぜる配分を変えればいいので、夏に日焼けしたり冬に青白い顔になったりしても一年中同じものを使用できます。顔色が優れない日にも合わせやすいです。

普段化粧下地を使っている方は、CCクリームやBBクリームを塗ると同じ効果のものを重ね塗りすることになってしまうので、下地のあとリキッドファンデーションを塗ります。

その場合、リキッドファンデーションを、自分の肌の色より暗いものと明るいものの2色用意してブレンドしてくださいね。

ファンデーションの色は顔に合わせる

顔と首の色が違うときに、ファンデーションの色をどちらに合わせるか。

一般的にはフェイスラインの色に合わせるといいと言われていますが、それだと実際の顔の色より一段暗い色になってしまうという方はよくいらっしゃいます。

実際の肌の色とファンデーションの色が違うと、厚塗り感が出てしまうのがつらいところ。

なのでファンデーションの色は、首ではなく顔の色に合わせて大丈夫です。

というのも、ファンデーションは、顔中に均一に塗るものではありません。

フェイスラインに近くなるほど薄づきにしていくのが正しい塗り方なので、顔からフェイスライン、そして首へと自然になじませられます。

それでも気になる方は、メイクの最後にフェイスラインにシェーディング（自分の肌より暗い色のフェイスパウダーをさっとを入れること）をして首の色となじませましょう。

シェーディングはスティックタイプもありますが、パウダータイプのほうが薄づきなのでおすすめです。ブラシでさっとなでるだけでなじみます（エラ張りなどが気になる方は、その部分に強めに入れると目立たなくなります）。

顔と首の色の違いがいちばんはっきりするのは、夜のお出かけでフラッシュをたいて写真を撮るときです。ですので、昼間には違和感がなかったとしても、必ず出かける前にお化粧直しを心がけてください。

夕方ごろになるとファンデーションが顔の脂となじんで黒ずんでしまい、そのせいで首の色となじまなくなることもよくあります。

夕方のお直しで黒ずんでいるときはたいてい顔の脂が原因なので、まずあぶらとり紙で脂をよく取ってから、お化粧直しをすると効果的です。

お化粧直しも、顔の中央からフェイスラインに近づくにつれて薄くなるイメージで、中央に乗せたプレストパウダーを伸ばすように塗っていくと首との差が目立ちません。

リキッドは猫のヒゲのように塗る

リキッドを短時間できれいに塗るにはコツがあります。

まず、リキッドを手の甲に出します。季節や体調などによって色を調整する場合は、この手の甲をパレットにして混ぜましょう。

ここで問題になるのはせっかくブレンドして色を調整したファンデーションが、塗りはじめたら途中で足りなくなることがしばしばあることです。

それを防ぐためには、少しずつ塗っていくのではなく、最初に、いったん全部顔に配置してしまうことです。

まず、反対の手の親指以外の4本の指で手の甲に出したリキッドををちょこんととり、鼻筋に沿って揃えて配置します。

そして、耳のほうへ向かって引っ張ると、指の軌跡に沿ってリキッドが一気に頬全体に行き渡ります。これを顔の左右それぞれに対しておこないます。

あとは、それを顔全体に伸ばしていきましょう。

リキッドをちょうどよく配分する

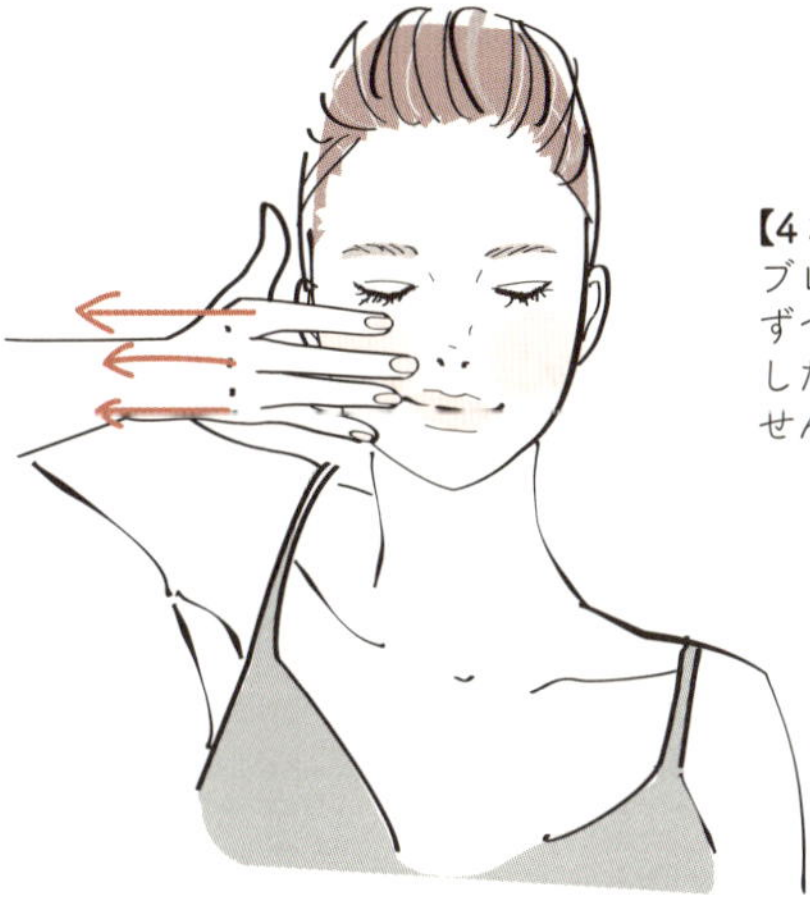

【4本の指で一気に】
ブレンドしたリキッドは、少しずつ塗るより、頬に一気に配置したほうが速くてムダがありません。

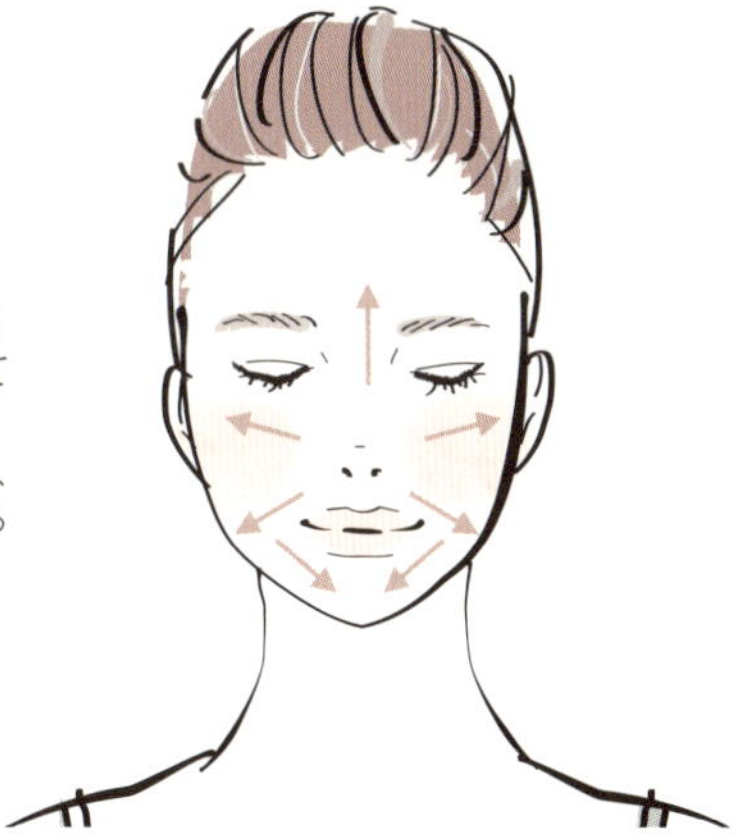

【頬から放射状に伸ばす】
あとは放射状に伸ばしていくと、フェイスラインに向かって自然と薄付きになります。
Tゾーン、Cゾーン、上まぶたは、あまったリキッドを薄くつけるくらいがちょうどいいです。

このとき顔の内側から外側に向かって放射状に伸ばしていきます。そうすると顔の内側は厚く外側にいくほど薄づきになるので、ファンデーションの濃さがちょうどよく調整されます。

おでこやTゾーンはどうするの？　と思った方もいるかもしれませんが、おでこを含むTゾーンは皮脂で崩れやすくたくさん乗せるとシワになりやすいです。ですから直接乗せるのではなく、頬に乗ったファンデーションを伸ばしていくだけで十分です。

フェイスラインも、リキッドが薄いほうが首の色となじみやすいので、伸ばしていくだけでOK。

Cゾーンは目尻まで伸ばしたらあとは惰性で伸ばすくらいでいいです。

ここにファンデーションが厚くつくと、のっぺりとして立体感がなくなりますし、目尻はよく動くのでしわが目立ちやすくなります。Cゾーンは素肌のツヤを活かすか、ツヤが足りない場合はハイライトで補正するのが基本です。

上まぶたはもともと塗らない人も多いですが、ここにも少しはリキッドを塗っておいてください。何もしていないと夕方には脂でくすんできます。とはいえ、ここもシワになりやすいので余ったリキッドを薄く伸ばす程度で十分です。

一方、面積が広くてなめらかに仕上げたい頬は、厚めのリキッドでしっかりカバーできます。

こんなふうに、リキッドは最初に顔の真ん中あたりに配置して、外に広げるのが効率がいいです。はじめにファンデーションの配分を決めておけば、せっかく色を混ぜたファンデーションが途中で足りなくなることもありません。

自分の指の腹で伸ばすので、自然と毎日の肌の状態をチェックすることにもつながります。

ほどよくツヤのあるフェイスパウダーを選ぶ

ツヤ肌のお話をすると、「そもそもツヤ感って何？」と質問されることがあります。これは「顔でフェイスパウダーを乗せない部分」のことだと思ってください。フェイスパウダーを乗せる場所は、おでこと鼻筋、鼻下、そしてあごです。

一方、頬や目尻周りのCゾーンはツヤが大事なのでパウダーはあえて乗せません。頬は面積が広いのでもちろんですが、Cゾーンもツヤがあるほど目元の印象をいきいきと健康的に見せられます。

とはいえ、Cゾーンはリキッドも乗せていないので、素肌の顔色が悪いとくすんでしまっていることもあります。その場合は、むしろフェイスパウダーを乗せたほうがクリアに見えることもあります（できればパウダーよりハイライトでカバーするほうが仕上がりがいいです）。

ですからフェイスパウダーを選ぶときは、Cゾーンのことも考慮に入れて、なるべくツヤの出るものを選ぶことが大切です。

選ぶ目安としては、左右どちらかのCゾーンに塗って光を顔に当てたとき、塗っていないほうと比べて光を反射して輝いているかどうかです。

ポイントは、わかりやすくラメやパールが入ったパウダーでキラキラさせるのではなく、ほどよくツヤ感の出る粒子の細かいものを選ぶことです。

というのは、ラメやパール感の強いパウダーを目尻のようなしわが出やすいところに使ってしまうと、人によってはひび割れしやすくなってしまうからです。

私がいいと思うのは、イニスフリーのノーセバム ミネラルパウダー。コスパ的に優秀です。ミネラルなので乗せている感じがあまりないのにお肌をきめ細かく見せてくれます。毛穴をほわっと隠してくれるのと自然なツヤが出るのも特徴です。ただし、お色はルーセント（透明）しかないので、ファンデーションとコンシーラーでパウダーの前にしっかり補正しておくことが大切です。

もう一つはクリニークのスーパーブレンデッドフェースパウダーです。期待するほどはツヤが出ないけれど、パウダーの粒子が細かくて使い心地がいいです。

高価なものならツヤが出るというわけでもないので、実際に自分の肌で試してみて光っているかどうか見極めてください。

ベースメイクはくすみを消すことに集中

メイクでは、アイシャドウ、チーク、リップなどのカラーに力を入れるより、お肌のくすみやクマを補正してツヤっぽくきれいに見せるほうが若見えに直結します。

目の下のクマや頬のシミを先にカバーしないと、他を頑張っても台なしです。

そこで便利なのがコンシーラーです。大きなシミや肝斑など広い範囲をカバーするにはクリーム状のもの、ほくろや口周り、目の下のクマなど小さな部分をカバーするにはスポットタイプというふうに使い分けるときれいに仕上がります。

おすすめは、キャンメイクのカラースティック　モイストラスティングカバーです。これはスティック状のコンシーラーで、ちょうどクレヨンみたいな形をしているので、塗りやすく持ち運びやすいのが特徴です。

目の下のクマや目頭のくすみ、Cゾーンなど、顔のなかでもよく動く部分をカバーするなら「ストレッチタイプ」と書いてあるものが、時間が経ってもシワになりにくいです。セザンヌのストレッチコンシーラーは使いやすいです。

アイシャドウはこの3色あればいい

ベースメイクが整ったら次は色を乗せていきます。

まずはアイシャドウです。アイシャドウの役割は、目を閉じたときに少し立体的なニュアンスを出すことぐらいにとらえてください。あまり立体的すぎると老けて見える原因になります。

色は「明るいベージュ」「中間のブラウン」「濃いブラウン」の3色パレットがベスト（これに白っぽいハイライトが入った4色のものでもいいです）。

この3色を、次の順序でまぶたに乗せていってください。

①明るいベージュ…下まぶたの際に5ミリくらいの細さで塗る
②中間のブラウン…上まぶたのアイホール全体に薄く塗る
③濃いブラウン…上まぶたの目の際に重ねる＋下まぶたの目尻から黒目の下に向かって細く重ねる

この色味を地味だと思う方もいるでしょうが、アイメイクにおいてアイシャドウは抑えです。とくに上まぶたが目立ちすぎるのは今時ではありません。

この3色のいいところは、ナチュラルに目元を美しく見せてくれ、どこに行っても浮かないことです。大人の女性には外してほしくない部分です。

輝きがほしい場合は、パールのように落ち着いたきらめきのものを選ぶと、ツヤも出てみずみずしく仕上がります。

逆にやってはいけないことも押さえておきましょう。

繰り返しになりますが、絶対に避けるべきは、マットタイプのアイシャドウ。目の周りのシワやまぶたの窪みが目立つのでNGです。

また、上まぶたにキラキラしたラメがのるのも、古くさく見えてしまいます。

とくにピンクや水色などの派手目なカラー、そしてラメをのせると成人式みたいになってしまうので注意してください。

下まぶたの涙袋に華やかさをプラス

基本の3色を塗ったら、下まぶたにさらに輝きを乗せてぱっちりした目元をつくっていきます。

アイシャドウで重要なのは上まぶたよりむしろ下まぶたです。下まぶたのメイクは、涙袋を強調する効果があり、涙袋メイクと呼ばれています。

「涙袋を強調するだけでそんなに印象が変わる?」と疑問に思うかもしれませんが、メイク前とメイク後を比べると違いは明らかなのでぜひやってみましょう。

先ほどの工程で、3色アイシャドウの明るいベージュを、下まぶたに5ミリ幅で薄く塗りました。それに加えて、黒目の真下に直径1センチほど再度ベージュをチップで丸く乗せてください。

色が二重になることで、その部分がより明るくなってふっくら立体的に見えます(パレットに、パールのハイライトがあればそれを使うとなおさら良いです)。

これはとくに涙袋がない方におすすめです。涙袋がない方は知的な印象に見えやすい一方で、どうしても目元が寂しくなりがちだからです。

下まぶたに輝きを乗せるとその寂しさを補って一気に華やかになりますし、光を反射して黒目がキラキラと輝くので表情も明るく見えます。


涙袋がない方や、よりふっくら見せたい方は、荒技ですが涙袋の線を自分で引いて涙袋があるように見せることもできます。

涙袋があると仮定して、3色アイシャドウの真ん中の明るいブラウンで、涙袋の影にあたる線を細く引いてください。涙袋の盛り上がりは目の両端は小さめなので、目頭スタートで盛り上がりが大きい中ほどまでにだけ陰をつけ、綿棒でボカすのが自然です。中ほどは最初に下まぶたの際に引いた5ミリ幅のベージュの線の下端に沿う感じで描くとわかりやすいでしょう。

順番としては下まぶたのメイクをしたあとがよいと思います。

夜のお出かけにラメは5粒で十分

パーティーなど華やかな場所に行く場合は、普段のメイクと少し違ってキラキラと強く光るラメ入りアイシャドウも映えます。

ただし、乗せるのは上まぶたではなく下まぶたのみです。黒目の真下に当たる場所、ベージュのアイシャドウの上にラメを5粒ほど乗せましょう。それ以上のせると大げさに光りすぎて見る人が気になってしまいます。チップで直につけると失敗するので、いったん綿棒にとるなりして一粒ずつ慎重にのせてください。

試してみたい方は、コーセーから出ているアディクションというブランドの「ザ・アイシャドウ」がいいでしょう。ラメが大きすぎないので使いやすいし、仕上がりも上品です。マリアージュという色なら肌なじみがよく、誰でもよく似合います。

とはいえ、ラメ入りアイシャドウを持っていない方がわざわざ購入する必要はなく、ベージュのアイシャドウの重ねづけだけでもパーティーで十分通用します。ラメはパールより粒子が大きくて光り方も派手なので、普段使いには向きません。

アイラインで目のバランスを整える

時代によって、人の顔立ちは少しずつ変わっていくというのが私の持論です。
たとえば、昭和生まれの方は少し目が寄っている傾向があり、平成生まれの方は目と目のあいだがやや離れていっている。

昔のAKB48でたとえるなら、昭和顔の典型は前田敦子さんで、今っぽい顔は大島優子さんです。人は見慣れた顔のほうが親しみが湧くので、前田さんの顔は年配受けしやすく、大島さんの顔は同世代受けしやすい顔だと思います。

昭和顔のいいところは、目が寄っていてキリッとした雰囲気があるところです(ただし、「昭和の美人だね」と言われたら、「目が寄っている」か「メイクが古い」という意味かもしれません)。

逆に今っぽい顔のいいところは、目が離れ気味でやさしい印象、若みが増す分だけかわいらしさがあるところです。

この2タイプのうち、自分がどちらのタイプに近いか知っていると、アイメイクがしやすくなります。目が寄っている人は離れて見えるように、離れている人は寄って見えるようにバランスを調整していけばいいからです。

目を寄せたい方は、アイラインを上下とも目頭のほうにはみ出すように引いて、「く」の字につなげます。これは整形手術による目頭切開にちなんで「切開ライン」と呼ばれていますが、アイラインを引くだけでも近い効果があります。

目を離れて見せたい人は、上まぶたのアイラインを目尻側の半分だけ引くのがおすすめです。目尻側を強調すると今っぽいやさしい雰囲気になります。

ちなみに、アイラインを上手く引けない方は、上まぶたのアイホールに中間のブラウンのアイシャドウを塗ったあとにアイラインを引いてください。その上に濃いブラウンのアイシャドウをふんわり重ねると、アイラインが少しガタガタしていても変にはなりません。

また、アイラインの色はブラックが基本ですが、それだとキツい印象に見えてしまうという方は、ダークブラウンにすると雰囲気が柔らかくなります。

アイライナーは一般的にはペンシルタイプでまつげのあいだを埋めていくのが簡単です。顔に自然になじみやすいので初心者にも使いやすいです。細い線は描けないので目尻は綿棒などでぼかしましょう。

リキッドタイプは筆ペンみたいなものでやや扱いが難しいのですが、練習すれば目尻の細い線を描くのには適しています。濃いラインで目をくっきりと強調します。

私は近いところでクリームタイプを使っていますが、リキッドよりは扱いがラクで、ソフトな印象になります。

目のバランスは、環境によって使い分けてもいいでしょう。

たとえば40代以上の方と接する機会が多いなら、目を寄せるほうが親しまれやすいです。その年代の男性からすれば美人といえば昭和顔ですし、女性同士でも自分と似ているタイプのほうが警戒心が薄れるからです。

逆に、若い人たちばかりを相手にしている仕事なら、目と目のあいだが離れて見えるように目尻側に重点を置いてメイクすると受け入れられやすくなります。

目を大きく見せるには「横幅」を広げる

目を大きく見せたい場合は、「目の横幅を広げる」と効果的です。目の横幅が狭いことを「よく埴輪みたいって言われるんです……」と気にされる方もいますが、アイラインを使えば目の幅を広げるのは簡単です。

まず上のまぶたの中央から目尻に向かってアイラインを引きましょう。次に目頭から中央に向かって引きます。全部ひけたら、最後に目尻から3ミリ程度ラインをはみ出させます。これだけで目の横幅は広がります。

はみ出した部分を跳ね上げると女性的で「猫の目」っぽい印象になります。跳ね上げる角度は、下まぶたの弧を下から延長するように意識して描くと自然です。

やさしさやかわいらしさを出したい場合は、はみ出した部分を下げ気味に横に流しすと「たれ目」に見せることができます。

目尻のはみ出し方で横幅が広がるだけでなく、目尻をつり目にするかタレ目にするかで印象も変えられます。

下のアイラインは目尻で「く」になるように

下まぶたにもアイラインは必要です。

下まぶたがノーマークだと、「こけし」みたいなきょとんとした間抜け顔になってしまいます。こけしってよく見ると下まぶたがないことが多いのです。

下まぶたのアイラインは目尻から黒目の下にかけて引きます。

上下をフルで引いてしまうと大人の女性にはトゥーマッチなので、下まぶたは目尻側の半分だけ引くとちょうどいいです。

大事なのは、上まぶたの目尻と下まぶたの目尻で、アイラインが「く」の字にくっついていることです。

上まぶたの目尻で3ミリほどアイラインをはみ出させたのは、まつげがないところにあたかもまつげかあるかのように、まつげを描いているということです。

下のアイラインはその跳ねた根元まで埋めておいたほうが、本当に上下まつげがあるかのように見えますし、間抜けな顔にならずに済みます。

なお、目の縦幅を大きくしたい場合は、アイラインの黒目の上下の部分を、他の部分より少し太めに描いておきましょう。

黒目が大きく見えるので縦幅も大きく見えます（パーティーなどで写真映りをよくしたい場合は、近くで見たときに不自然なくらい太くてもちょうどいいです）。

大人のまつげは上げすぎないほうがきれい

外国の人に「無人島にいって、どこか一箇所しかメイクできないとしたらどこがいい？」とたずねると、ほぼ100％「まつげ」と答えます。日本の女性に同じ質問をすると、十中八九、眉毛です。「眉毛がないと生きていけない！」って。

どちらかが正解ということはありませんが、「女っぽさを演出できる」のは断然まつげのほうです。目を伏せたときに明らかに差が出ます。

老け見えしている女性は、まつげにメイクをしていない「素まつげ状態」のことが多いので、まつげメイクをしっかり組み込んでください。

まつげは上がっていたほうがもちろん目がぱっちりとしますが、大人の女性は20代のように元気いっぱいにギャン上げをしないほうが品があります。

下がったまつげの根元をビューラーで起こすくらいのゆるいカールで十分。まつげが下がっていると目が小さく落ち込んで見えてしまうので、それを修正するくらいの感覚でいましょう。

ビューラーとまつげ下地を上手に使う

ときどきビューラーで根元を強く挟みすぎているせいで、まつげが直角に上向いている方がいます。これは美しくないし、まつげのダメージも大きいです。

ムリヤリ上向かせるのではなく、ビューラーでまつげの根元を軽く挟んで持ち上げるイメージでやってみましょう。まつげの根元が起きるだけでいいのです。

マスカラをつける場合は、その前にまつげの上下に目頭から目尻までマスカラ下地をつけてください。マスカラ下地をつけることでマスカラだけでも簡単にボリュームを出せますし、カールのもちもよくなります（マスカラの負担からまつげを守る効果もあります）。

マスカラは、上まつげの目尻にたっぷりつけるとセクシーな仕上がりになります。また、下まつげにもつけると愛らしい印象になります。

上まつげはマスカラを横に持って細かく左右に揺らしながら塗っていきますが、下まつげに塗るときはマスカラを縦に持って塗るのがきれいにできるコツです。

できれば下まつげ専用の小さいマスカラがあると失敗しにくいですよ。

塗っている感が苦手な方は、目尻だけでもマスカラ下地とマスカラを塗るとだいぶ雰囲気が変わりますから、少しでもつけておきましょう。

まつげメイクは、若々しく、女性らしい印象を保つ基本です。

なお、上まぶたのアイメイクは次の順番でおこなうと失敗が少ないです。迷ったときはこの通りにやってみてください。

ビューラー↓アイホールにアイシャドウ（中間のブラウン）↓アイライン↓まぶたの際にアイシャドウ（濃いブラウン）↓マスカラ
メイク落としのときにまぶたをゴシゴシこすると、まつげが傷んだり、まぶたのくすみの原因になるので控えてくださいね。

まつげメイクは自分のイメージを左右する

まつげメイクは、自分が周りに与える印象に直結します。「もともと美人」というイメージになりたい場合は、透明マスカラを使いましょう。カールをキープできるだけでなく「何もしていないように見えるのに」美人になれます。

女性ばかりの職場にいる方や女性客が主となるお仕事の方は、オシャレ感度の高さという意味でカリスマ性があったほうが有利なので、まつげはフサフサにしたほうが女性からの人気は上がります（男性からの人気はいま一つですが）。

男性が多い職場や男性客が多いお仕事の方は、女性向け盛り盛りまつげではなく、「銀河鉄道999」のメーテルをイメージしましょう。マスカラを目尻のまつげに重点的につけて長くすると、品よくほんのりとセクシーな雰囲気になります。

まつげメイクは自分の存在感をコントロールする重要な位置づけです。「自分がどう見られたいか」「誰に好感を持たれたいか」を意識して活用してほしいと思います。

普段のつけまつげは3分の1がつけやすい

マスカラを使わない方には、今はマツエクが人気です。

でも、私は3分の1カットした100均のつけまつげを推しています。

なぜなら1日限定で簡単に美人度がアップするから。

つけまつげも種類がありますが、万人受けするのは毛束が交差している「クロス」というタイプ。下を向いたときに、つけまつげの毛並みと自分のまつげがなじんで自然に見えます。

このタイプのつけまつげには、目頭の毛が短くて目尻の毛が長くなっているものも多いですが、どういう形状でもOKです。

これを3分の1にカットしたものを、目尻側につけます（つけまつげは、基本的に自分のまつげのギリギリうえに目尻側から貼っていきます）。毛の向きを見て、必ず目尻が長くなるようにしてください。

3分の1のつけまつげは、目尻のまつげにすんなりなじむので、ほぼつけているのがわかりません。

ふと目を閉じたときや横を向いたときに「今日は雰囲気が違うな」と感じるくらいのさりげない変化ですが、これだけで女性らしい表情がプラスされます。

つけまつげは取れやすいのが不安という方もいますが、目尻のほうにつけるだけなら目の激しい動きもないので安全性は高いです。とくに40代になると、目尻のしわにぐっと入れるとほぼ１日取れません（つけまつげ用の「のり」は、私自身は１００均では不安を感じるので資生堂のものを使っています）。

まつげエクステは一度つけてしまえば、２〜３週間もつのでお手軽ですが、嫌なとき自分で外せないのがネックです。その点、つけまつげは１日限定やパーティ限定でイメージチェンジできるので使い勝手がいいのです。

まつげエクステをしていても、次のリペアの日まで目尻のつけまつげでしのいでいる人は多いですしね。

なお、つけまつげは必ずメイクをする前につけましょう。メイクの上からつけると皮脂ではずれやすくなるためです。モデルさんたちは最初につけまつげをつけてからメイクをするそうです。

ぐっと華やかさを増すつけまつげの使い方

つけまつげをフルでつける場合は、目尻と目頭の動きがあるのでさらに取れやすそうな気がするのですが、こちらもつけ方次第で強度を高められます。

以前参加したＩＫＫＯさんのセミナーでは、つけまつげにのりをつけたら5秒くらいパタパタ振ってから目尻から目頭に向かってオンすると、ほど良くのりが乾いてズレにくいということでした。

私もやってみたのですが、このやり方で目尻から貼ると実際に取れにくいので、より華やかな目元にしたいときにはフルでつけてみてください。

フルでつけまつげをつけるときに、一つ忘れてはならないのは、つけまつげが長すぎる場合は少しカットして使ったほうが良いということ。

目頭からがっつりつけてしまうと迫力がすごいので、目の長さよりちょっと短いくらいにカットして目頭側の黒目の端くらいからはじまるのがいちばん自然です。

もっと目を大きく見せたいときは、花嫁さん専属ヘアメイクさんの必殺技ですが、目尻だけ3分の1つけた上に、フルでもう1枚乗せてつける2枚貼りもテクニックの一つです。

目の横幅を拡張したい場合は、先ほどのアイラインの話とも連動するのですが、つけまつげを目尻側にちょっとだけはみ出してつけるという手もあります。先に目尻側の着地点を決めてから目頭のほうへつけていけばOKです。

眉を悪目立ちさせない。カラーは髪より淡く

メイクをするとき、眉毛はつくり込みすぎないこと。

老けて見える眉毛のトップ2は、「細眉」と「大仏のようにアーチがきつい眉」です。手を入れすぎた眉の形は古くさく感じられます。


眉毛はないと不自然だけど、特徴的なのも悪目立ちします。

アイメイクにおいて眉毛は「なんか変だぞ」と思われなければOKです。

なるべく自前の眉毛を活かして自然な形におさめておくほうが美人に見えます。

ペンシルで眉を描いている方は、眉頭は太いのに眉尻が細く伸びて大仏になりやすいので、メインのツールを眉毛パレットに切り替えて、眉毛用ブラシを使うようにしましょう。


それにペンシルは一色ですが、パレットならヘアカラーに合わせて色を混ぜ合わせることができます。眉は髪の色よりワントーン薄い（明るい）色で描くと、顔になじみやすく、アイメイクも引き立ちます。

ですから、自分の髪の色に似た色を含む、最低でも2色入っているセットを使うと自然な印象の眉になりやすいのです。

まず、今のヘアカラーや地毛より薄い色が入った「3色（推奨）グラデーション眉パレット」と「ペンシル（もしくはジェルライナー）」を用意しましょう。

明らかに眉毛のラインからはみ出している毛は、カットしておきましょう。

パレットに付属しているブラシの太いほう（たいてい太いほうと細いほうがあります）は、眉頭の太さに近くなっています。

これを眉頭にあてて、眉尻に向かって3分の2まで横に引きます（壁に横向きにペンキを塗る感じにブラシを立てて使いましょう）。

線を引けたら、ブラシを横に持ち替えて細いほうで残り3分の1を書きます。

アーチのやさしい雰囲気が好きな人は、ここからはそれでもかまいません。

できれば、眉毛の幅の下のラインは地面に対して平行に近いまま、上のラインがだんだん下降して眉毛が細くなるイメージでフィニッシュできると自然です。

そのあと足りない分だけ眉尻をペンシルまたはジェルで足します。

最後に眉頭をぼかして終了です。

眉毛の終わりは、唇の端と目尻を結んだ線の延長上が目安です。最近は短めの眉が人気なので、これより長くならない範囲で調整してください。眉を描くのが下手な人は、薄い色で先に下書きをしてから混ぜ合わせたお色で上からなぞると上手にできます。このとき片方ずつ仕上げるのではなく、左右がなるべく対称になるように鏡を少し引いて確認してください。

【眉毛はもとの太さを活かす】
ペンシルより、眉毛ブラシを使ったほうが自然な仕上がりになります。なるべく横にまっすぐに引き、長さは唇の端と目尻の延長上を超えないように。

チークは丸く正面に

チークを入れるのと入れないのとで、何がいちばん違うか。

それは幸せ感です。皮膚の内側から自然と発色しているような赤みがあると、健やかで愛らしい雰囲気になります。さらに顔の余白が減るので顔が間延びせずグッと美人に見えます。

逆に「顔に血色がない」というのは大人の特徴なのでどうしても老けて見えます。

だから、顔に色を入れる優先順位で言えば、アイシャドウやリップに比べても、チークはかなり重要です。目の周りを濃くするメイクよりも血色が良いメイクのほうが好感度も高いです。

ただし、あくまでも「血色をよく見せる」のが目的なので、顔の色からかけ離れた濃いピンクでやけに幼い印象を与えたり、必要以上に上気しているように見えるような強い入れ方は避けましょう。

理想は、「ほんのり頬が赤くなった」状態。顔を正面から見たときに頬にふんわり丸く自然な血色が乗っている状態です。

チークには、パウダーやクリーム、それにリキッドのタイプがありますが、クリームタイプがいちばん自然な血色に見えて、他のタイプより扱いが簡単です。

正面から見たときに頬に自然な血色が乗るには、ニッと笑ったときに盛り上がるたこ焼き大ほどの場所に丸くチークを入れることです。

まずはそのたこ焼きの中心に目印として、中指でちょんとクリームチークを置きます。中心がわかりづらい場合は、黒目の端の真下にまっすぐ線を降ろした線と小鼻から真横に引いた線のクロスするあたりと思ってください。

クリームチークは、塗りすぎないように指先にほんの少量で十分です。

それでも多すぎるかもしれないので、反対の手の甲になじませて余分を減らしてから頬に乗せてもいいでしょう。

これを丸く、伸びるところまでトントンと丸く直径4センチ程度に伸ばしてくださいい（パウダーだとどこまで伸ばしていいのかわかりづらいですが、クリームは伸びる限度があるので安心です）。

真ん中がいちばん濃く、広がるほど薄くなるイメージで。

チークは顔に対して塗る面積が広いので、薄く伸ばしても、離れて見るとけっこう赤みが乗っています。必ず鏡を引いて、顔全体を確認しましょう。

立体感を出したい人は、ここの上にパウダーチークを乗せます。クリームチークを伸ばした範囲からはみでないように大きめブラシで乗せましょう。パウダーチークにもツヤが出るものとマットになるものとがありますので、マットになるものを買わないように注意してください。

さらにプロっぽい感じにしたければ、このクリームチークとパウダーチークを重ねた円の中心の部分に、同じ系統の色の濃いクリームチークをちょっぴり乗せると、三色グラデーションになってより立体的に見えます。

チークの最初の一色はこれなら安心

ふだんチークレスな方がチークを入れると、鏡を見て「これって塗りすぎかな」と感じることがあります。

これは本当に塗りすぎている場合もありますが、じつはチークの色が肌に合っていなくて、まっかっかや浮いたピンクに見えている場合があります。

不安な方はいったんコーラルピンクにしておくと、誰でもなじみやすくて失敗しにくいです。この色で慣れてきたら、より似合うものを探していくといいでしょう。

53ページのチャートを手がかりにして、ベージュタイプの人ならオレンジ（裏面にORと書いてあることが多い）、グレータイプの人ならピンク（裏面にPKと書いてあることが多い）を選ぶと気に入るものが見つかりやすいと思います。

なお、チークは頬にほんのり赤みがあるくらいが理想ですが、濃いめにするとキュートな感じになるので女性からの好感度は上がる傾向があります（男性からはそうでもないのですが）。実際、女性客が多いお店だと店員さんのチークが赤いほうが売り上げが伸びます。

最初は違和感があっても、チークは塗らないよりは塗ったほうがいいです。疲れて見えないことを優先していきましょう。

チークの位置で犬顔と猫顔を使い分ける

前項でチークの入れ方の基本をお伝えしましたが、この基本位置からチークを乗せる位置を上げたり下げたりすると、顔の印象を変えられます。

チークを基本位置から5ミリ中心を下寄りに下げて塗ると顔の重心が下がり「親しみやすい」「となりのお姉さん的な」印象になります。

顔の重心が下がって見えると、周りに愛されるかわいらしい感じになります。私は犬顔と呼んでいるのですが、接客業の方や目上の方に囲まれている方、またデートのときなんかに向いているチークの入れ方です。

逆に、基本位置から5ミリ上寄りに中心を持ってくると「知的」な「高嶺の花」の印象になります。こちらは猫顔で女性に好かれやすい顔です。とくに上司が女性だったり、同僚に女性が多かったりと、仕事で女性に接することが多い方に向いています（また、顔のリフトアップ効果もあります）。

どんなタイプのお顔の方にも使えるので、ぜひ試してみてください。

チークの入れ方で印象が変わる

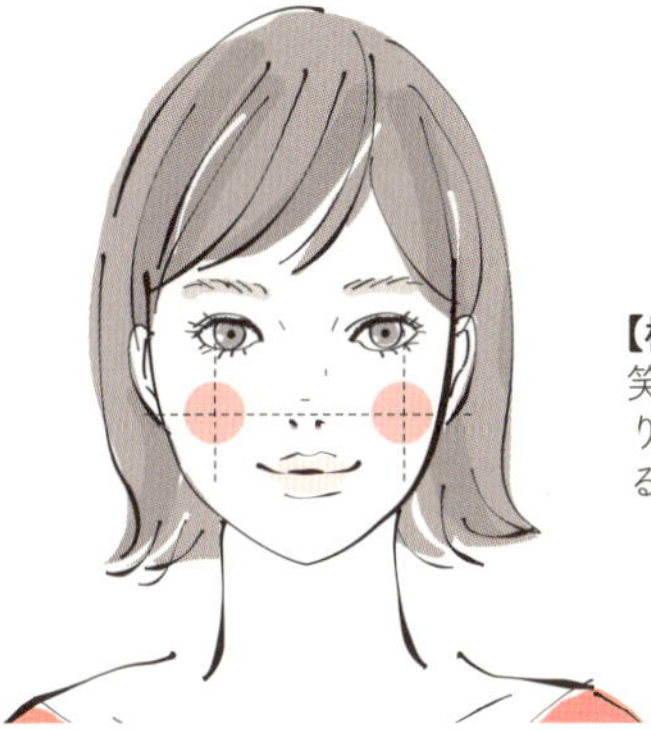

【標準的なチークの入れ方】
笑ったときに、いちばん盛り上がる場所が中心になる。

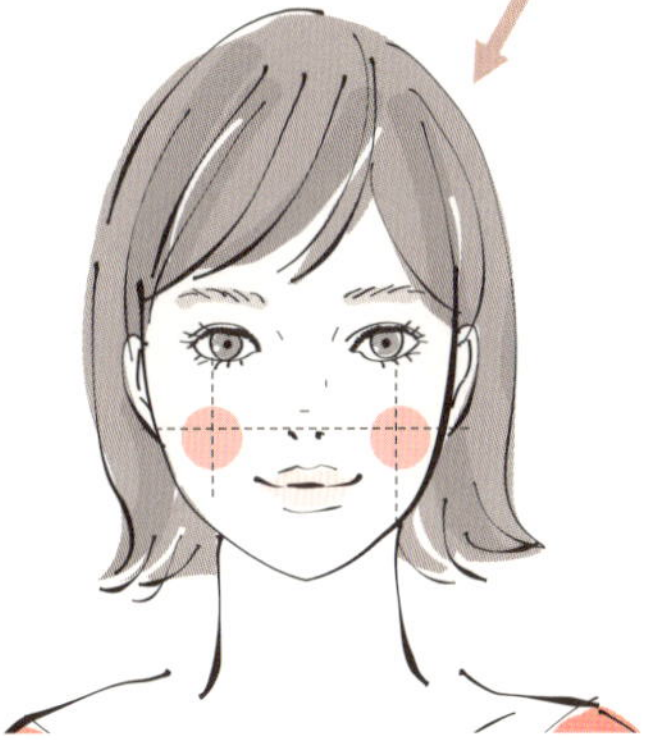

【犬顔チーク】
チークの中心を標準よりやや下に設定すると、親しみやすい印象に。

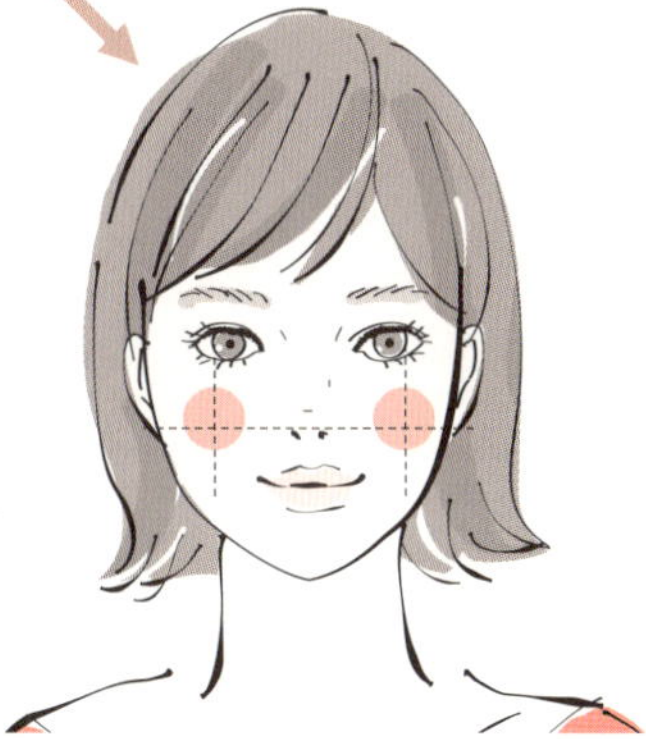

【猫顔チーク】
チークの中心を標準よりやや上に設定すると、知的な印象に。

ハイライトで笑った顔をつくり込む

いつも微笑んでいるような柔らかい顔の方は好かれます。

なぜなら、ほとんどの美人は笑顔も込みでの美人だから。

人間は静止画ではありませんから、無表情より笑った顔の感じの良さが印象に残ります。せっかく顔立ちが整っていても表情がかたいと魅力が半減するのです。

そこで役に立つのがハイライト。ハイライトを使えば、誰でも自分の顔に「笑顔の余裕」をプラスできます。

ハイライトというのは、顔に自分の肌より明るい色を乗せて、その部分をふっくら盛り上がっているように見せるものです。

自分の肌より暗い色を乗せて、その部分に陰をつくり目立ちにくくするシェーディングとは、逆の効果といえるかもしれません。

小顔に憧れる女性は多いので、シェーディングで顔の彫りを深く見せたり、エラを目立たなくしている方は多いですが、ハイライトを使いこなせている方はあまり見かけません。

でも、しわや頬のげっそり感をなくして若見えするには、その部分をふっくら見せてしまうのがいちばん簡単。

大人の女性にはぜひハイライトを上手に活用してほしいと思います。

ハイライトの選び方はアイシャドウとほぼ同じです。

ラメが大粒でキラキラしすぎるものや、マットタイプのものは避けてください。

ハイライトには固形やリキッドのものもありますが、使いやすいのはパウダータイプです。パールが少し入ったものを選びましょう。

持っていない方は、パール入りのベージュのアイシャドウでもいいです。

ハイライトとアイシャドウは互換可能なので、上手に活用してください。

新しく購入する方はパールが入ったピンクベージュが使いやすいです。

プチプラコスメでおススメなのがセザンヌのパールグロウハイライト01シャンパンベージュです。肌なじみの良いパール感のあるピンクベージュのパウダーなのでどんな顔色の方にも似合います。

ハイライトで若見えする2つのポイント

ハイライトはファンデーション→フェイスパウダーのあとに乗せますが、重要なのは2箇所です。

一つは、目頭と黒目の下と小鼻を線で結んだ三角形の場所。

私は若見えトライアングルと呼んでいますが、ここにハイライトを乗せます。

この若見えトライアングルは、笑ったときに盛り上がる場所ですから、ハイライトを入れておけば、微笑んでいるようなニュアンスが出るのです。

目の下が窪んでいる場合もふっくらするし、クマを隠す意味でも大きな効果があり、まさに一石二鳥です。

もう一つが、ほうれい線周りです。

小鼻から頬骨の下に沿ってハイライトを入れておくと、ほうれい線を目立たなくすることができます。ハイライトを入れた部分が膨らんで見えることで、ほうれい線の存在感を薄くすることができるのです。

ハイライトはこの２箇所に入れる

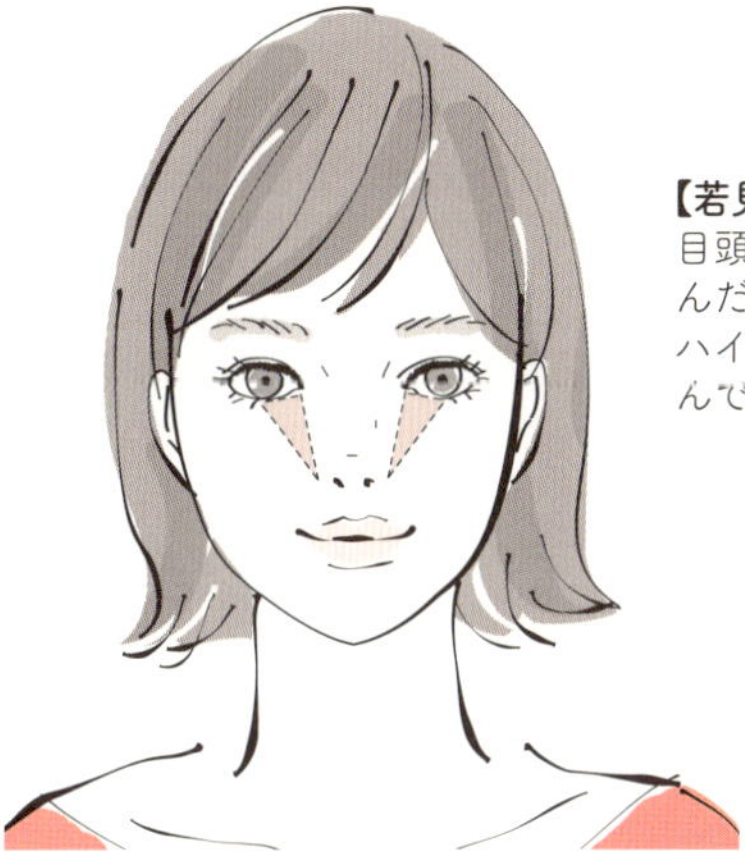

【若見えトライアングル】
目頭、黒目の下、小鼻を線で結んだ三角形の場所。
ハイライトを入れるだけで微笑んでいるように見えます。

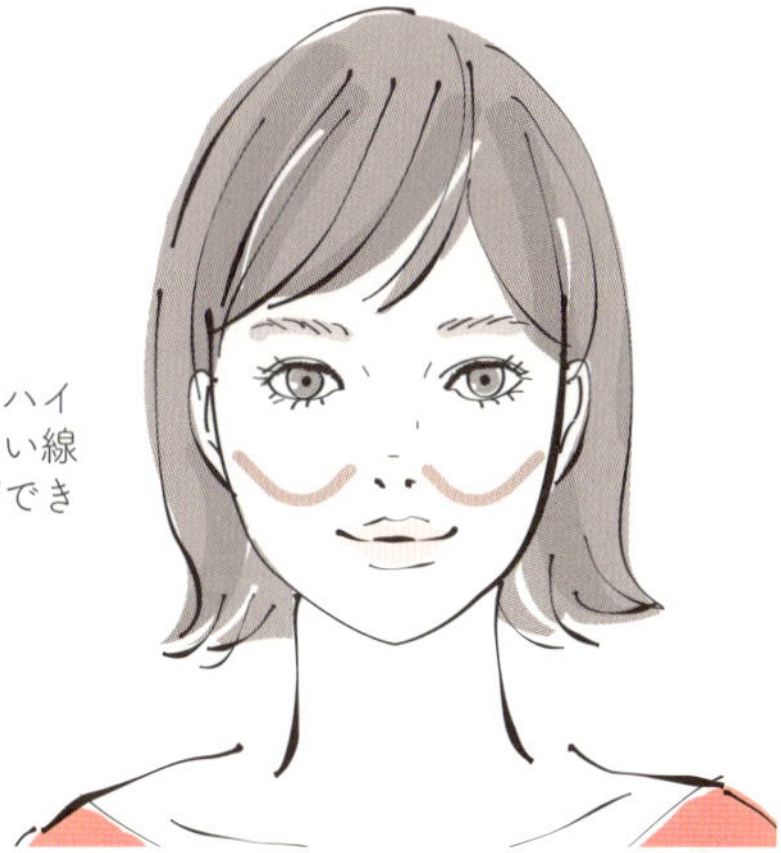

【ほうれい線周り】
小鼻から頬骨の下に沿ってハイライトを入れると、ほうれい線の存在感を薄くすることができます。

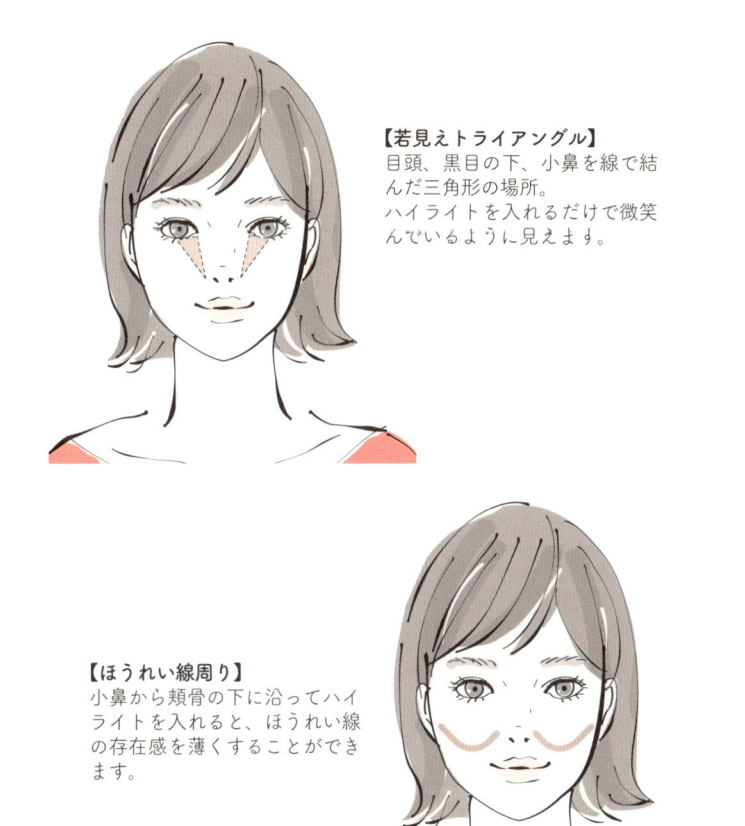

それ以外では、おでこの中央から鼻筋にかけてと、目尻周りのCゾーン、あごの先端の3箇所にハイライトを入れると、顔が立体的に見えて美人度がアップするといわれています。

ただし、人によってはもともと立体的な方もいるので、必ずしもすべてを強調する必要はなく、自分の顔の特徴に応じておこなうことが必要です。

全部やると超立体的な顔になりますから、この3箇所はキメキメにしたいときのエクストラメニューという位置づけで覚えておきましょう。

優先するべきなのは最初の2箇所です。

額や鼻筋よりも、ほうれい線周りにひとはけのほうが簡単に若見えします！

若見えトライアングルにハイライトを入れて微笑み顔をつくったり、頬骨の下周りにハイライトを入れてほうれい線を目立たなくすることは、万人に効果がありますので、ぜひマスターしてください。

無表情だときつい感じや暗い感じを与えがちな方も、周りに与える印象がガラッと変わります。そして何より、劇的に若く見えます！

リップもツヤ感重視

メイクで年齢を感じさせるパーツの一つが唇です。

唇は年齢とともに痩せて薄くなっていくパーツだからです。

そうでなくても40代より上の世代は、もともと唇が薄い方が多い印象です。

若いころに「たらこ唇」といわれた方でも、今の価値観だと厚いうちには入らないでしょう。今はぽってり厚みのある唇が人気なのもありますが、年齢を重ねるほど唇はなるべく厚く見えたほうが若々しい印象になります。

唇を厚く見せるには、リップ美容液を下地に使うと効果的です。

乾燥しがちな唇がふっくらして縦じわも目立ちにくくなります。

そして口紅と近い色のリップライナーで気になる部分の輪郭をちょっとだけオーバー気味になぞるといいでしょう。

そこに口紅を丁寧に塗れば、唇をふっくらと見せる効果があります。

ただし、口紅より暗い色のリップライナーを使うと、唇の輪郭がはっきりしすぎてしまうのでリップカラーよりも薄い色で描いてください。

上唇は、唇の山が目立たないように丸く口紅をつけるほうが、ふっくらと厚みが出て若々しく見えます。

大人の女性がしっかりと唇の山を描いてしまうと、かしこまった怖い雰囲気や、人によっては少しセクシーな雰囲気になりやすいです。ですので、そこを求めているのでなければ、山はなだらかにつなげておくほうが普通にきれいです。

リップグロスは、昔は唇全体に均一に塗っていましたが、今は唇の高い部分、上と下を厚めに塗って立体感を出すのが主流になっています。

口紅のつけ方で迷っている方は、「気持ち厚く見えるように塗る」「山谷山ははっきり描かずになだらかに」「立体感を意識する」ということを念頭におくときれいに塗れると思います。

赤とベージュのリップは避ける

リップ選びで避けてほしい色は、赤すぎるものとヌーディなベージュです。

真っ赤（ＲＤ）なリップが似合うのは圧倒的に若い女性です。肌がクリアでくすみがないから、ビビッドな色味でも悪目立ちしないのです。今、ある程度の年齢で真っ赤なリップをつけて似合う人は、抜けるような色白さんだけだと思います。

一方ベージュ（ＢＥ）のリップは色味がないので間違いなく老けます。大人の女性は、「血色を補う」ことを念頭にリップを選ぶことが大事。唇に色がないと貧相になりやすいので注意してください。

普段使いのリップは、オレンジやピンクが肌がきれいに見えて、古くささもありません。53ページのチャートを参考にして、まず自分がベージュタイプかグレータイプか確認してください。

ベージュタイプの方は、オレンジ（ＯＲ）が似合いやすいです。

グレータイプの方は、ピンク（ＰＫ）が似合いやすいです。

ドラッグストアで購入するときは自分チョイスになるので、色番を見て「OR」もしくは「PK」の表記があるものから選ぶと良いでしょう。

使いやすいのはオペラのリップティント。ティントと名前がついていますが、リップスティックタイプで、縦じわが目立ちません。花嫁カラーと呼ばれているコーラルピンクが有名で、ツヤツヤになるので一本でかなり若返ります。

もう一つ、キャンメイクのステイオンバウムルージュも、色が落ちにくくパサつかないのでプチプラでおススメです。

服が濃い色のときは少し濃いめのリップをつけると一体感が出るので、服に顔が負けてしまうのを防げます。

また、前にも言いましたが、基本的にティントやマットなリップは縦じわが目立ちます。買っていいのは「伸びがある」「ツヤが出る」表記のあるもの。

うっかりマットなものを買ってしまったら、上からつやつやグロスを唇の真ん中にオンすればOKです。30歳を超えると夕方になると唇が乾くという方が続出しますが、これもお直しでツヤのでるリップを重ね塗りすれば解決します。

ツヤで解決できることは多いのです。

テカったときはあぶらとり紙より粉をはたく

パッと見で若々しい人で、肌が乾燥してしわっぽかったり粉っぽくなっている方はいません。こういう人は、顔がテカってもあぶらとり紙を使わない方が大半です。

あぶらとり紙は脂と一緒に水分まで取ってしまうため、年齢とともに脂が出にくくなってくると、使用する度にお肌の水分を奪いカサカサになってしまいます。

ですから、お化粧直しではあえて脂を取らずに、そのままパウダーを乗せたほうが肌にツヤが出てきれいです。

「そうはいってもまだまだ脂が出て困る」「ファンデーションと脂が混ざって、夕方は顔が黒ずむ」という方は、あぶらとり紙の種類にこだわってください。あぶらとり紙には「水分と脂を取るタイプ」と「脂だけを取るタイプ」があります。

私のリサーチでは、脂だけ取れるタイプはたいていフィルムでできています。たとえば白元の「うるおいそのままオイルクリアフィルム」は、水分を取らないのでお化粧直しで肌が乾燥することはありません。脂が多い方にはおすすめです。

口周りの産毛は100年の恋も冷める

メイクの前に毎回チェックしてほしいのは口周りの産毛です。

口周りの産毛は、とくに老眼が入ってきたりすると通常の鏡では気づきにくくなります。私も拡大鏡で見るとびっくりするときがあります。

とはいえ、自分の毛には気づかなくても他人の毛には敏感なのが人間です。

油断せず、産毛は常にある前提でケアするようにしましょう。

いちばん負担が少ないのは産毛専用のシェーバーです。ペン型のものが売っていますから。

私よく仕事で韓国に行きますが、韓国の男の子に時々聞かれるのが「日本人の女の子にはひげがあるって本当？」ということです。確かにひげはあるかもっていったら「うわあ」ってなってました。あと、「うなじの毛もあるんだよね？」「うわぁ」ですって。100年の恋も冷めるとはまさにこのことですね。

産毛チェックは、ちょっとした習慣ですが、とても重要なことなのです。

郵 便 は が き

（切手をお貼り下さい）

170-0013

（受取人）

東京都豊島区東池袋3-9-7
東池袋織本ビル4F
㈱すばる舎 行

この度は、本書をお買い上げいただきまして誠にありがとうございました。お手数ですが、今後の出版の参考のために各項目にご記入のうえ、弊社までご返送ください。

お名前	男・女	才
ご住所		
ご職業	E-mail	
今後、新刊に関する情報、新企画へのアンケート、セミナー等のご案内を郵送またはEメールでお送りさせていただいてもよろしいでしょうか？ □はい □いいえ		

ご返送いただいた方の中から抽選で毎月3名様に
3,000円分の図書カードをプレゼントさせていただきます。

当選の発表はプレゼントの発送をもって代えさせていただきます。
※ご記入いただいた個人情報はプレゼントの発送以外に利用することはありません。
※本書へのご意見・ご感想に関しては、匿名にて広告等の文面に掲載させていただくことがございます。

◎タイトル：

◎書店名（ネット書店名）：

◎本書へのご意見・ご感想をお聞かせください。

ご協力ありがとうございました。

目で笑う練習で目の下のたるみも取れる

女性は笑顔が魅力的であることが重要です。

でも、一見笑顔でも目が笑えていない方が結構たくさんいます。

これはとてももったいないこと。

「私は大丈夫」と思っている方も、マスクをして笑った顔を鏡で見てみてください。もし笑えていなかったら、目は笑わず口だけで笑っている可能性がありますから、目だけで笑うトレーニングをしてほしいと思います。

目だけで笑うというのは、「①眉毛と眉毛のあいだを開いていく」、「②両目尻を下げる」、「③下まぶたの筋肉を上げる」という3つの動きをともなっています。

この筋肉の形を覚えられると、自然に目が笑えるようになります。

ただ、この3つのうちもっとも難しいのが「③下まぶたの筋肉を上げる」ことで、目が笑えない方はたいてい苦労します。

そこで①と②までできたら、両手を使って両黒目の真下を5ミリくらいやさしく押し上げてください。

ちょっと不細工ですが、笑った形の目になっていると思います。あとは何回かやってこの形を筋肉に覚えさせたら勝手にその顔ができるようになります。

他には「目を開けたまま下まぶただけで、目を閉じる」という運動を、1日10回ほどおこなってください。隙間時間や何かの作業をしながらでもできるはずです。

この運動は、目の下のたるみをとる効果があり、2週間ほど続けるとたるみはほぼ解消されます。目の下にたるみができてガチャピンみたいになってしまうと5歳は老けて見えます（とくに涙袋がある方はたるみができやすいです）。

最初は感覚がわかりにくいので手鏡を持ちながら練習しましょう。

鏡を見ながらあごを引いて正面を見てください。

そのまま上まぶたは閉じないで下まぶただけを閉じる。

そうすると目の下に圧がかかります。

普段、いかにこの筋肉を使っていないかがよくわかると思います。

感じも良くなるし、若見えにも効果的なトレーニングです。

頬が上がるアヒル口トレーニング

唇の両端から下に向かって伸びるマリオネット線は、だいたい50代くらいから出るといわれています。

しかし、40代ですでに出ている方もけっこう多いです。40代でマリオネット線が出るのはあまり笑わない人。笑顔が少ない方ほどくっきりと早い時期に出やすい。

マリオネット線が出ると、ほうれい線どころではなく老けて見えるので、改善のためのトレーニングをするといいでしょう。

トレーニングといっても、やることはすごく簡単で、「アヒル口」です。常にアヒル口をしていると頬の筋肉が鍛えられるので、マリオネット線が薄くなります。また頬も上がります。（アヒル口が難しい人はひょっとこの口を真似るでもいいです）。

とにかく長時間、黙っているときはずっとくらいの気持ちでアヒル口をキープしましょう。これのいいところは、筋肉が鍛えられることで、笑うのが苦手な方も自然と笑顔が上手になることです。

ひじ・ひざ・かかとに年齢が出る

顔や髪を丁寧にケアしていても、体のほう、とくにひじ・ひざ・かかとに油断が見える方が多いです。こうした部分は年齢が出やすいので、黒ずんだりガサガサにならないように気をつけましょう。

といっても、普段やることは安価なボディクリームをぬるだけで十分です。お風呂上がりに、まだ体が濡れている状態で、好きな香りのクリームを塗ってください。

完全に身体を拭いてしまうと肌が乾燥しはじめてしまうので、うっかり拭いてしまった場合はもう一度水を足してクリームを塗るようにすれば大丈夫です。

モデルさんたちは毎日自分に「きれいな足だね、きれいな手だね」といいながら塗っているそうです。足などをマッサージするときも「今日1日働いてくれてありがとう」と声に出しながらおこなうそう。

自分で自分を慈しむことで、自分を雑に扱わない意識を高めているのです。

とはいえ、夏を控えてそんな地道なことじゃ間に合わないという方は、4月に入ったら集中ケアを始めましょう（本来であれば、毎日ケアするに越したことはありません。そうでなければ、急に何かあっても脱ぐに脱げないです）。

夏前になると、ひじのしわや黒ずみが気になって半袖を着たくないという人がけっこういます。とくに他人から見ていちばん気になるのが後ろから見たひじ。

カサカサして汚いより、つるんとした状態にしたいと。

具体的には、スクラブなどで角質をオフしてからボディクリームを塗ればOKです。これで、柔らかいつるんとしたひじになります。肌はだいたい1ヶ月で角質が落ちて新しく生まれ変わります（年齢とともにより時間がかかる傾向があります）。

自分で角質オフをする際は、軽石を使うのはすごく痛いし肌を傷めてしまうので、絶対にやめましょう。とくにひじは皮膚が薄いので、削ると痛いです。

カジュアルな服のときほどしっかりメイク

休日のお出かけは、お仕事の日と違って、カジュアルな服装に薄化粧の方も多いと思います。

でも、「今日は予定もないから適当なコーディネートでいいや」とか「今日はお休みだからノーメイクでお買い物にいっちゃおう」なんていう日に限って、気になる人や口うるさい友達に会ってしまうことってありますよね。

これはちょっと恥ずかしいです。

適当なシンプルコーディネートならメイクはしっかり。

メイクをしないんだったら（少しはしてほしいですが）お洋服は個性的に。

どちらかに重点を置いてバランスを取っておけば、見られたくない人にバッタリ会っても動揺しなくて済みます。これなら、「あえてのシンプルコーデ」「あえてのノーメイク」というふうに計算の一部のように見えなくもないからです。

実際、カジュアルな格好のときほど、服でイメージアップできていない分をフルメイクで補うことで、トータルで自然な印象になりやすいです。

逆も同じで、服の個性が強いほどメイクは薄くてもおかしくありません。

ただ、休日のメイクはフルとはいっても色味は重くならないほうがいいです。

たとえば、アイホールにはいつものブラウンではなくベージュを塗ると、パッと見はアイラインしか見えないので軽さが出ます。そのアイラインも、黒っぽい色ではなく、赤とかピンクブラウンみたいな色にすると、お休みの日らしいかわいさがあります。アイラインをネイビーにするとデニムカジュアルにもぴったりです。

ウィークデーのアイシャドウはやや平板なくらいがちょうどいいですが、休日は上まぶたの真ん中に丸くハイライトを入れて立体感を出してもいいですね。

カジュアルな格好のときのメイクは、お仕事の日を80%とすると、100%と考えてもいいかもしれません。

ちなみに、予定のない休日でも、出かけるときはファンデーションと眉毛とリップはしておくといいと思います。いくら個性的な服を着ていてもごまかせる限度はあります。ミニマムです、これ。

第3章

年相応の服より
老けて見えない服

clothes

年相応の服装という考えを捨てる

ファッション雑誌を読むのであればvogueやELLEなどの洋書を読むのがおすすめです。モデルさんの年齢が曖昧なので、誰が読んでも受け入れやすいです。

若いモデルさんも出てきますが、外国の人が着ている服なら自分にあてはめてもあまり違和感はありません。

高級なものや一流のものしか載ってませんけど、色の取り入れ方などを見たりするのに参考になりますし、見るだけで気分が上がります。

その点、日本の雑誌は年代別になっているので、自分の年代に合っているものだけを読んでいると老け込みやすいです。読むならそれにプラスして、赤文字系の雑誌で若者の流行から取り入れられるものがないか考えてみましょう。

トップスだけ買ってみるとかでもいいのです。

アラフォー以上の方なら、「JJ」「ViVi」「CanCam」という三大赤文字雑誌の名前を聞いたことはあるでしょう。この3つは明確にカテゴリ分けをされています。

「JJ」はオシャレや洗練、最先端のファッション。

「ViVi」はギャル、セクシー、カジュアル系のスタイリングに力を入れている。

「CanCam」は愛され系です。モテるためのコーディネート、隣のお姉さん的なスタイリングっていうのを推奨しています。

このなかで、比較的マネするハードルが低いのが「CanCam」です。

「なぜ今さら20代向けの雑誌を参考にするの？」と疑問に思うかもしれませんが、これより上の層に向けた雑誌は、20代向けの雑誌ほど明確に目ざしている像の線引きがされていないからです。「VERY」とかその上にある「Domani」や「Story」なども、コンセプトの打ち出し方の差は、かなりゆるやかです。

「周りの人とよい関係を築いて、うまくやっていきたい」というとき、若々しさや話しかけやすい雰囲気をまとっていることはとても重要です。

何も、20代の女の子と同じ服を着ようっていっているんじゃないですよ。

意識的に、「CanCam」が目指しているかわいらしさを取り入れていきましょうということです。詳しくはこれからお伝えしていきますが、年相応の服ではなく、自分に似合っていて好感度が上がる服を着るのが魅力的に見えるコツなのです。

姉コーデと妹コーデを使い分ける

女性で年齢当てクイズをする場合、相手が自分の年齢より5歳若い年齢を答えてきたら、それは老けていると思ってください。

回答する人はお世辞を入れてくるので、たとえば私は49なのですが、44歳に見えるっていわれたら老け見えということです。

そうなったら、年齢に対して服装に貫禄が出すぎている可能性があります。

「おばさんぽい」か「仕事できすぎ感たっぷり」のどちらか。

いずれにせよ姉妹に例えるとお姉さんぽいということなので、ちょっと妹寄りにしてみましょう。

いちばん姉っぽく見える（つまり貫禄を感じさせる）のは襟つきのシャツです。

シャツを着ている人は、襟つきはやめましょう。

姉コーデのイメージは、次の通りです。

シャツ、パンツ、タイトスカート、ジャケット、スキニーパンツ。

ラインでいうなら上から下までストンとまっすぐなＩライン。

つま先がとんがったヒール。

長さのあるイヤリング。

ゴールドかシルバーっていったらシルバー。

メイクは猫顔。


妹コーデはことごとくこの逆です。

シャツではなくてブラウス、パンツではなくスカート、タイトではなくフレアスカート、ジャケットではなくカーディガン、スキニーではなくワイドパンツ。

ラインでいうならウェストを絞ったＸライン。

つま先が丸いヒール。

丸っこいパーツのイヤリング。

シルバーではなくゴールド、もしくはピンクゴールド。

メイクは犬顔。

すべて対になっているので、現状、姉コーデになっている部分を、妹に変えていけばいいだけです。最近パンツとジャケットしか着てない人は、カーディガンとスカートに変えれば若く見えます。

逆に、年齢や役職などの割に頼りなく見られてしまう方は、姉コーデのほうを取り入れていくといいですよ。一部でも取り入れるとニュアンスが変わります。

なかには「私、〇〇は似合わないんですよ」みたいなふうにおっしゃる方もいるのですが、それは色で解決できることが多いです。

たとえば、フレアスカートが似合わない場合は、ロイヤルブルーとか強めの寒色系の色でバランスをとるといいでしょう。女性らしい服を女性らしい温かみのある色で着てしまうと違和感が出るという方におすすめです。

ウエストのくびれがないからムリという場合は、ふんわりトップスにタイトなスカート、もしくはタイトなトップスにふんわりスカート。どちらかにすれば、柔らかなニュアンスを出すことができます。

「姉コーデ」と「妹コーデ」の具体例

【姉コーデの例】
・シャツ
・タイトスカート
・スキニーパンツ
・ドロップピアス
・つま先が尖ったパンプス

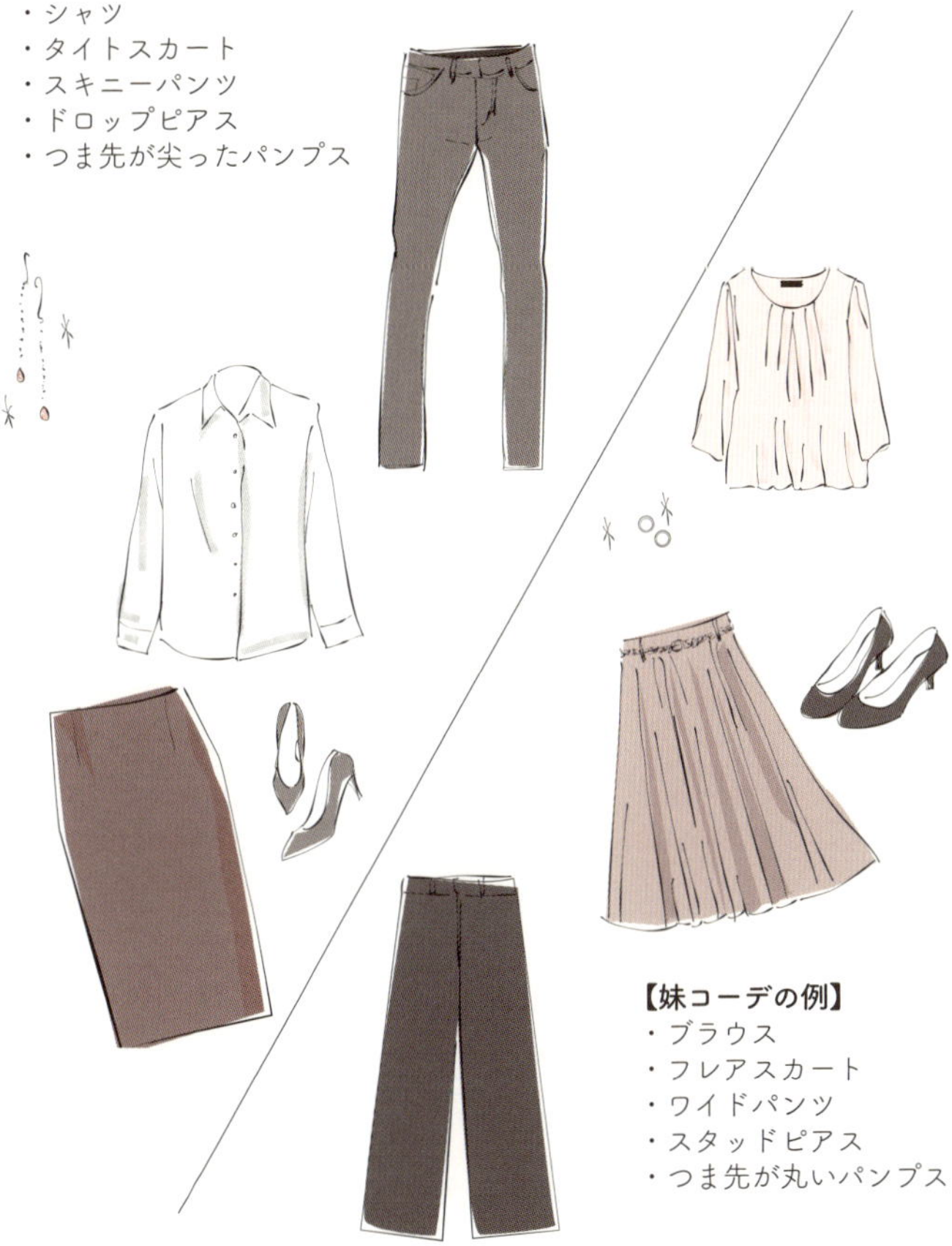

【妹コーデの例】
・ブラウス
・フレアスカート
・ワイドパンツ
・スタッドピアス
・つま先が丸いパンプス

40歳を過ぎたらカラーの服を意識して着る

30歳をを過ぎるとクローゼットのなかに黒い服ばかり増えていきます。

オシャレな人でも黒・白・ベージュ・グレーにかたよってしまう。

アパレルの戦略もあって、25歳からのキャリアと30代のヤングミセスの服は黒、白、ベージュ、グレーという展開にしてあることが多いからです。

ただ、こればかり着てると若々しさが保てないので、40歳を過ぎたら意識してカラーの服も取り入れていきましょう。

髪のカラーリングのところでも触れたのですが、だいたいの人は、ベージュの服かグレーの服か、どちらかが似合います。だから、ベージュかグレーどちらか似合うほうの色を着て、服を買いに行きましょう。着ていったグレーの服とコーディネートできる服を買えばいいのです。

グレーが似合う方なら、お店に行ってグレーにイエローとか、グレーにピンクとかを合わせみましょう（白とか黒のモノトーンは除く）。

通販だとなかなかわかりづらいので、実際にお店に行ってください。

そして、40代でカラーをある程度習得して、「よし」ってなった状態で50代にいってさらにあか抜けてほしい。目指すはフランスやイタリアにいるようなマダムです。

40歳に近くなるとだんだん顔色もくすんでくるので、カラーといっても原色はハードルが高いです。今の段階でカラーから遠のいている方は、やさしい明度が高い色のほうが安心して着られると思います。

濃い色が好きな方は、いきなり原色のニットに行くよりは、小さいバッグなどから徐々に面積の広いものにいくといいでしょう。濃い色を広い面積に使うと我が強い人に思われやすい面もあるので、周りの人たちに少しずつなじんでもらうといいと思います。

今すでに50歳を過ぎている方でも、何歳からでも挽回は可能です。

「白、黒、グレー、ベージュばかり着ていて私、30代で止まっているかも？」というならこれからカラーに挑戦していけばいいですから、いろんな色を着て楽しんでください。

顔周りに黒をもってくるとプラス3歳になる

服を買うときに気をつけてほしいのが「黒」の扱いです。

黒を顔周りにもってくると、光と若さをすべて奪ってしまうブラックホールになります。たとえば、黒いトップスにノーアクセ、もしくは黒いアクセとかしてると、プラス3～5歳くらいに見えます。

ですから、どうしても黒を着たい場合は、顔周りに白を持ってきましょう。

首周りにバイカラーで白い縁取りがある服や、白い襟がついている服を選ぶとか。真っ黒の服の場合は、白いブローチとかネックレスで補正しましょう。

重宝するのはパールのネックレス。顔周りを明るくする効果が高いです。

逆にトップスを白にするとマイナス3歳くらいに若く見えます。

白い服は性格が明るく見えて「私が私が！」という自己主張を感じさせないので人も話しかけてきやすい色です。

他にもお食事会で写真を撮るときは、ひざのナプキンをだいぶ広めにかけたり、テーブルクロスが白ければ身体をテーブルのほうに近づけたり、小さな努力で若々しく写真に映ることもできます。

あと、細かい話になりますが、大人の女性のコーディネートで気をつけてほしいのは、上が黒のニットとかで下が濃いピンクの組み合わせ。これは老けて見えます。

ピンクの色を差し色で使うブランドはたくさんありますが、ヤングブランドほど薄いピンク、キャリアブランド（25歳以上がターゲット）からそれ以上になるほど濃い色になっていきます。ピンクの濃さでその人の年代がわかるほど。

女性って、なぜかトップスに黒ばかり着てしまうって時期がありまして、35歳をすぎるとそういう傾向が強くなる。理由はオシャレがわからなくなって、とりあえず黒を着ていれば安心だから。

ここに濃いピンクを履くと、「トップス黒↓35歳以上確定」＋「スカート濃いピンク↓40代後半以上確定」＝30代でも50代ぐらいに見えかねません。

どうしても濃いピンクをはきたい方は、トップスを黒じゃないもの、たとえば黒白の次に取り入れやすいグレーやベージュにしたほうがいいです。

トップスの丈で下半身をきれいに見せる

足が短いとお悩みの方は、「ハイウエスト」を意識して服をえらんでください。ウエストにくびれがない服を着るとより足が短く見えますから、くびれがあるトップスや、ウエスト位置の高いワンピースなどを選びましょう。

とくにスキニーをはくときは、股の付け根を絶対に見せないようにしてほしい。ショート丈のトップスにスキニーをはいたら足が長く見えると思っている方は多いですが、これはいちばん駄目なコーディネートです。足の長さがはっきりわかってしまいますから。股の付け根までしっかり隠れることが大事です。

足の長さは気にしていないけれど、お尻が崩れてきたのが気になるという方は、お尻が4分の3隠れるトップスを着るとヒップアップしてきれいに見えます。

外国の方だと、お尻をきれいに見せるお尻パッドをはいている人が多いのですが、日本ではそこまで気にしない方が多いです。

でもトップスの丈感で下半身はかなりカバーできるので、参考にしてください。

足の長さが気になるときは

【ワイドパンツ】

もともと股の付け根がわかりにくい形状なのでトップスインでも大丈夫。足の長さを気にすることなくはけます。

【スキニーパンツ】
トップスの丈は、股の付け根が隠れる長さがあると足が長く見えます。お尻が3/4隠れる丈だとヒップアップして見えます。

身長でブランドを選ぶのもあり

158センチよりも身長が低い方は、自分にぴったりの服に出会えないことも多いかもしれません。そういう場合は、若い人向けのブランドで服を探すのがおすすめです。

若い方は足が長くて腰高なので、20代向けのブランドはハイウエストで設定している服がほとんどです。

それが30代向けになってくるとちょっと下げてローウエストになってくる。

アラフォー以上になると品番によってはウエスト設定がないこともあります。サイズ設定表のウエストのところが横棒になっていて、設定なしという状態です。

だから、背の低い方は頭からウエストまでが短いので、20代向けのブランドの服のほうがウエストがぴったりきやすいです。

逆に、背が高い方は、自分の年代より少し上のブランドの服で揃えると、ウエストの位置を気にしなくてよくなります。

日本の既製服の設定身長は１５８センチですから、服を選ぶときに自分の背が高いか低いかというのは、それを基準に考えるとわかりやすいでしょう。

40代の標準身長の方が若く見せたいという場合は、25歳オーバーくらいのキャリアブランドを選ぶと、あまり無理なく自然に着ることができますよ。

あと、同じＭサイズでも、40代ブランドと20代ブランドの服では、アームホール（袖の付け根）の可動域もだいぶ違ってきます。

20代向けのほうはジャストサイズに、40代向けのほうはゆったり目につくられていることが多いので、自分の体型や日ごろの行動パターンなどを考えて選ぶといいと思います。

普段ミセスブランドを買っている人が、「ヤングブランドで同じサイズを試着したら、全然着られなかった」「昔の服を引っ張り出して着ようとしたらきつかった」というのはよく聞く話です。

ミセスブランドで９号を着ている方なら、ヤングブランドではひとつ上の11号を目安に探すとたいていフィットします。

背中が丸みを帯びてきたときのトップス

後ろから不意に撮られた写真を見て愕然としたことありませんか？

知らないうちに背中に丸みが出てしまい、なんだか老けて見える……。

こんなふうに、背中や肩が丸みを帯びてきたら、ラグランスリーブやドルマンスリーブ、ドロップショルダーなど、腕周りがゆったりした服は着ないほうがいいです。これらは、背中や肩の丸みを強調してしまう服です。

ラグランスリーブとは、一般的なTシャツみたいに肩先に袖がついているのではなく、襟ぐりから脇にかけて切り替えがある服です。ドルマンスリーブは、袖ぐりが大きくて手首のほうにいくにしたがって袖口が狭くなるタイプです。

これらの服はだいたい30代以上の女性に向けてつくられていて、腕の可動域が広いので、二の腕にお肉がついていても気付けないのが怖いところ。

気に入ったからと着続けていると、普通に肩で切り替えのある服を着たときにキツいと感じます。

そういう方こそ、ワンサイズ上げてでも、普通に肩に切り替えのある服を着たほうが、細く若く見えるのです。

なお、ドロップショルダー（肩の切り替えが二の腕あたりにある）の服は、他の2つのタイプと違って、年代を問わず売られています。ゆるい服を着たいなら、こちらのタイプのほうが若見えする服が多いですよ。

あと、なで肩のせいで、肩に切り替えのある普通のTシャツなどが似合わないという方もいます。なで肩の方はその形状というより、肩幅のなさが服選びが難しい原因になっていることが多いです。

そういう方にいちばん合うのがパフスリーブ（もしくは、袖の付け根にギャザーが入ってるもの）です。パフスリーブは、パフの幅を確保するために肩幅を短めにつくってあるので、肩の部分が余って落ちる心配がありません。

それにパフがあることで肩がなでっと下がっているのもカバーしてくれます。

パフスリーブの服が売っているのを見つけたら、すかさず購入しておくといいでしょう。

デニムをはきこなすためのポイント

何歳になっても、デニムを上手に履きこなしている方は素敵ですよね。

大人の女性の場合は、インディゴとか紺を洗って落とした色だったら、薄いブリーチでも水色でもオシャレに着こなせます。

インディゴと呼ばれる濃い色のデニムは正統派できちんとした感じが出せますし、ワンウォッシュと呼ばれる一般的によく見るデニム色はいろんなトップスに合わせやすいです。ブリーチと呼ばれる水色に近いデニムを選べば、若々しく女の子っぽい雰囲気になれます。

ただし、デニムでも、オイルで洗ったもので、黄色っぽかったり緑っぽかったりするものは、避けたほうがいいと思います。オーバーダイ加工というのですけど、あれはオシャレ番長的な人たちが「新しい服なのに古着っぽく着たい」ときのものなので清潔感を出すのが非常に難しいからです。

ときどき、「ダメージデニムをはきたいんですけど、ちょうどダメージからのぞく場所にしわがあるんです」という方もいます。

ダメージデニムは何歳でもはいて大丈夫ですが、見せたくない部分が見えてしまう場合は、違う場所にダメージがあるものを選びましょう。

ひざとか太ももとか裾とか、ダメージの場所はいろいろありますから。

ダメージ箇所のむだ毛とかしわとかは、結構目立ちます。

ダメージデニムを購入する前に、自分のボディのどこだったら見せられるのか・見せられないのかを把握しておきましょう。

アウターを脱いだときに細く見える服がいい

女性はウエストにくびれがなくなってくると、アウターにくびれを求めてしまうことがあります。くびれのないチェスターコートを好んで着るのは30歳まで、35を超えてくるとウエストが絞れたのがほしくなる。

今どきはストンとしたのを着るたほうが若く見えるのですが、痩せて見えるアウターがほしいという方は本当に多いです。

そもそも20代向けのアウターはくびれが少ないです。それは着る本人にくびれがあるからです。

でも30代~40代向けに上がってくるとアウターのウエストのカーブがきつくなります。上の年代になればなるほどウエストのカーブがキツく、とてもくびれているのです。これが、年齢を感じさせます。

冬の装いは、アウターを着ている状態ではなく、アウターを脱いだときに周りの人に「細い！」って思われるのが理想的です。

アウターはストンとしているほうが、アウターを脱いだときの体つきの細さとのギャップが大きくなって、よりインパクトがあります。細く見えたほうがいいのは、あくまでなかに着ている服のほうなのです。

服というのは、上か下のどちらかを身体のラインにぴったりさせるのが、若く見える秘訣です。上がふんわりオーバーサイズだったら下はタイト、上がピッタリリブのニットだったら下がフレアっていう感じです。

この原則を意識して、なかの服でくびれを出していきましょう。

アウターはくびれがなくてストンとしていたほうが、脱いだときにより魅力的に見えますよ。

普段着はワンピースに頼りすぎない

オシャレ感度が落ちてくると、ワードローブにワンピースが増えてきます。

組み合わせを考えなくていいので忙しい朝に便利というのがその理由です。

でも、ワンピースに頼りきりだとオシャレの技術が退化して、そのワンピースを着ているだけで老けて見えるようになってしまうのです。

今クローゼットにワンピースしかなかったら、いったん箱に詰めて見えないようにしましょう。そして、ちゃんと上下にわかれている服を着ましょう。

何を着ていいのかわからないなら、雑誌の1週間コーディネートをまねしてみるといいです。

たいてい、ボトムスは2つ、トップスは3つ、羽織を2つで一週間。

2・3・2だとハードルが高いなら、もう少し数が増えてもいいでしょう。

たとえば、明日から1週間、出張とか海外旅行に出ると考えてみてください。

どの服を持っていけば少ない荷物でオシャレに見せられるか、ちょっと高級なお店に入ったり、商談相手に会ったりしても大丈夫か、想像できますか？

こういうのは、普段から服を組み合わせる力をつけているかどうかなんです。

買い物をするときに、今持っている服のことを何も考えず、全身のフルコーディネートを買うというのはトレーニングになりません。

そうではなく、「今持っている黒いスカートに合わせる何かを買う」という意識で1個ずつ吟味して買っていくのです。1個のボトムに対して、ブラウスとかニットとかのトップスが2つくらいはあると便利です。

ワンピースはいったん中止して、改めてコーディネートのスキルを伸ばしていきましょう。

ドレスコードに迷ったときはワンピース

結婚式に出席する場合は、自分がどういう位置づけで出席するのかとか、どのくらいの格式の集まりなのかとか、ちゃんと確認しておくことが大事です。

女性の場合、「平服」といわれたら、ジャケットまでは必要ないですが、ワンピースに羽織のアンサンブルや、ナチュラル系ではないワンピース、きれいめのブラウスなどがあてはまります。

「カジュアルなパーティーです」とあったらもう少しかしこまった席なので、上下が揃わないブラウスはやめたほうがいい。アンサンブルとワンピースまでです。

「カジュアルって書いてあったからあえてデニムで来た」とおっしゃる方がとても多いのですが、これは間違いです。だいたいドレスコードがご丁寧に書いてある時点で「オシャレして来いよ」っていう意味ですから。

服装の格式の高い順番は、「フォーマル（結婚式参列レベル）↓セミフォーマル（レストランウェディング、二次会レベル）↓カジュアル↓平服」です。

判断がつかないときは、ワンピースを選べばまず外すことはありません。
ただし、フォーマル、セミフォーマルの席には必ず羽織が必要です。もしくは、透ける素材やレースでもいいのでひじくらいまでは袖があるものを着ていきましょう。

とくにデイタイムのパーティーは、ひじまで隠れていることがマナーです。
靴はつま先が出ないパンプスを履いていくのが確実です（オープントゥやサンダルだと「妻が先に出る」に通じるため）。

結婚式の場合、お友達の新婦はこだわりが少ない人だったとしても、新郎側のお家柄がすごく格式が高い場合もあります。そのときに新婦側のお友達がマナーがなっていないと気まずいですから、マナーは厳密に守るほうが安心です。

あと、当然ですが白い服はNG。花嫁のお友達という立場での出席なら、黒や紺色も避けたほうがいいです。黒や紺色は格式は高いけれど、華やかさは0点です。

ある程度年齢を重ねていても、そういうときはみんなで相談して、私は黄色、あなたはピンク、あなたは水色みたいに色をバラけて式に華を添えたいところ。

一方、新郎側のお友達として出席するなら黒や紺で地味にしていてもいいです。
結婚式では、新婦の側のお友達を盛り立てていきましょう。

「色」の効果はあなどれない

色彩心理学の観点では、服を選ぶときに色ってかなり重要です。

心が疲れているときはブルー、体が疲れているときはグリーン、好感度をアップしたいときは白、友達を増やしたいならフレンドリーなイエローっていうふうに。

実際、黄色いブラウスを着ている人には声をかけやすいという話もありますから、お子さんの入園式、入学式なんかも黄色い服っていいですね。

強さをアピールしたいときは赤がいいです。服を赤にするのは結構ハードなので、ブレスレットやネイルに取り入れてもいいでしょう。

誰とも関わりたくない気分のときは全身黒い服がおすすめです。

以前、専門学校で講師をしていたとき、講義の終わりがけに「僕コミュ力ないんです。どうやったらコミュ力がつきますか？」って聞かれたことがあります。

彼の服装を思い出すと、いつも全身黒い服を着ていました。それで、「黒は封印して、白いパンツや白いシャツがいいですよ。小物は黄色いものにしたら」ってアドバイスしたところ、すぐに爽やかな印象になって友達ができたそうです。

黒は、真っ黒じゃなくて黒っぽい色でも人を遠ざけます。基本的には否定の色なので、そういうサインが出てしまうのです。

販売の仕事でも、黒い服の日は売上げは伸びにくくて、白い服の日はグッと伸びます。服の色でまったく違います。

ピンクは見るだけでも自然と若々しさと女性らしさがアップします。

お洋服とか面積が広いものに取り入れるのがいちばん効果的ですが、難しい場合は時計のバンドとか指輪とか手の周りにあると目に触れやすいです。あとは、カバンで冒険できないのであれば、カバンのなかにピンクのキーケースや名刺入れを入れておくのもいいですね。

「ピンクブレッシング」という、ベッド周りをピンクにしたり、ピンクのアイテムを凝視してから寝ることによって、若々しさを保ちやすくなるという方法もあります。最近、なんだかがさつになっているなと思ったら、クッションでもタオルでもなんでもいいので、ぜひ眠る前にピンクのものを見つめてください。

心がウキウキする下着を身につける

「仕事柄、ファッションで冒険できないんです、髪の色も変えられません」という方は結構いらっしゃいます。そういうときは下着を好きなものにしましょう。

気分を上げて、今日はいつもの私と違うっていうワクワク感を楽しもうっていうのがあります。外に響かないように地味なベージュをつけていても、レースがすごくきれいだったりするとウキウキするし、下着って夢があるんですよね。

男性のネクタイと一緒で、勝負のときは赤下着っていう人は多いですよ。プレゼンのときとか頑張らないといけない特別な日に。

強いて言えば、30歳以上でブラジャーの紐が肩から出てるのはすごく残念なので、気をつけてください。今どきの若い女性は見せブラが主流なので、付け替えようの透明ストラップを知りません。だから、オフショルダーの服でも、普通に何の変哲もないブラひもが見えていたりします。

でも、やっぱり大人の女性はちゃんと配慮して、若い人の見本になりましょうね。

第4章

アイテムで
女らしさをプラスする

items

自分の顔に似合うアクセサリーの選び方

アクセサリーは、その人の顔のタイプよって、似合うものが変わって来ます。

頬骨が出てるとか、鼻が高いとか、あごが出てるというような、ちょっと顔が骨張っているシャープタイプの方は、長さがあるアクセサリーが似合います。

胸ぐらいの長さのロングネックレスや、ピアスも長さのあるものをつけましょう。チャームも長さのあるものにつけるのは前提として、クロスとか星とか、とんがり感のあるものを選ぶほうがおさまりがいいです。

一方で、顔の凹凸が少ないラウンドタイプの方は、比較的短めのアクセサリーが似合います。

標準的なパールの三連ネックレスや、ピアスだと耳にぷちっとつくものがいいです。今は流行ってないですけど、花とかハートとか丸いパーツでできたものはだいたい大丈夫。

あと、左右で形や長さが違う非対称のピアスとかイヤリングは、髪の分け目と同

似合うアクセサリーは顔のタイプで決まる

【ラウンドタイプの方】
短いものが似合います。イヤリングやピアスは、耳につくタイプがベスト。ネックレスは鎖骨にかかるくらい。パーツは丸みのあるものがよく、ボタン型、フープ型などがきれいです。

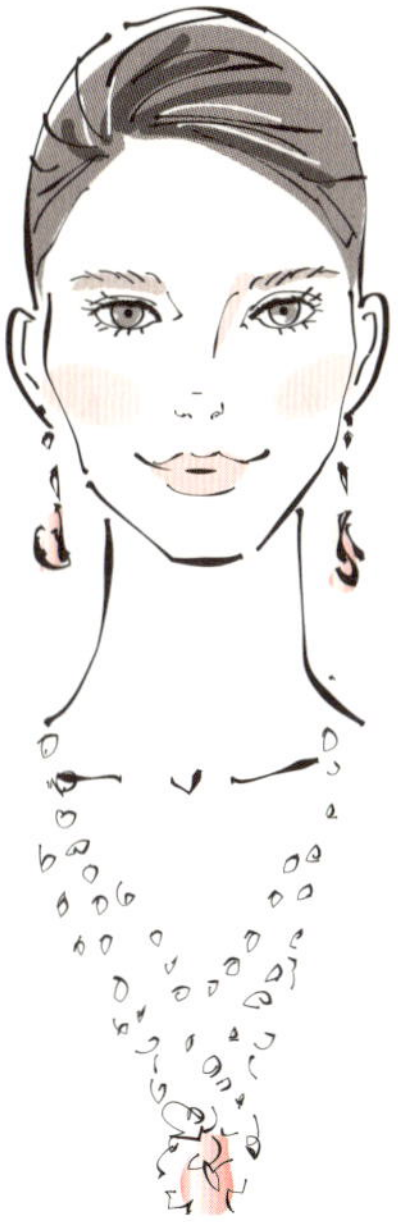

【シャープタイプの方】
長いものが似合います。イヤリングやピアスは、ドロップタイプ。ネックレスは胸にかかるくらいあってもOK。パーツは尖っている部分があるほうがよく、クロス型やスター型などがぴったりです。

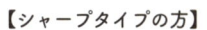

じで顔の非対称を目立ちにくくする効果があります。顔や髪の分け目が左右対称な方には似合いにくいので、つける場合は分け目を左右どちらかに寄せましょう。

アクセサリーについては、似合うものと自分の好みが違っていると、なかなかぴったりくるものにたどりつけない方もいます。

私はシャープタイプなのですが、以前はフープ型のピアスなど丸いアクセサリーを割とつけていて、でもなんだか似合っていないことに悩んでいました。

それで、角張った長さのあるアクセサリーもつけるようになって、こちらが似合うことがだんだんわかってきたのです。

アクセサリーに限らず、身につけてなんかなって思うものは似合ってないです。

「う~ん？」って思うものは、だいたい自分とは真逆の人の系統のもの。

自分に合うものは見て一発で気に入るので、そこが見分けるポイントです。

女らしさが足りないときはロングピアス

人は年齢とともにだんだん見た目が中性的になっていきます。

そこで女性らしさを出してバランスを取るのにいちばんいいのが、ピアスやイヤリングです。

「今日の格好、なんだか女性らしさが足りないな」なんていうときは、耳たぶにプチッとつくタイプではなく、ぶらぶらゆれる長さのあるタイプのものをオンしてください。

ロングピアスが似合うのはシャープタイプの方といいましたが、パーツが丸くて長さが3センチ前後ならばラウンドタイプの方にも似合います。

シャープタイプの方はあごより下にならない程度の長さのあるものがいいですね。こちらはパーツが長くてもチェーンが長くてもどちらでも大丈夫です。

髪のあいだからゆらゆら揺れるイヤリングが見えると、「今日はなんか違うんだな」、「予定があるんだな」という特別な雰囲気を出すことができます。

普段つけない人はいきなり大きなものだと周りが驚くかもしれないので、華奢なタイプをつけるといいでしょう。

若い有名女性アナウンサーは、だいたい華奢なチェーンに小さなパーツのついた、揺れるタイプのピアスをしています。「どんなの?」と思った方は朝の情報番組を見てみてください。ほぼ100%の女子アナのみなさんがつけているあれ、です。

あれくらいのものが、大人の女性にも品があって似合いやすいので参考にするといいでしょう。

アクセサリーを味方にして気分を高める

アクセサリーはオシャレのためだけではなく、自分で自分を励ましたり、鼓舞したりする効果があります。

落ち込んでいるときに、キラキラ光るアクセサリーをつけたらテンションが上がったという経験をしている方は多いでしょう。

バレッタみたいな髪につけるものは自分で見えないのでそうでもないのですが、ブレスレットや指輪は頻繁に目につくので効果が高いです。手元の輝きを見つめたりして、女性らしい仕草も自然に出てきます。

嫌いな人に会うときも、キラキラのアクセサリーをつけると、嫌いな人のパワーを跳ね返せる気がします。気の持ちようともいえますが、キラキラのパワーで、相手にひるみにくくなるのです。

だから弱っている人には、「キラキラをつけたらいいよ！」とすすめています。

人に好かれたい、好感度を上げたいというときは、パールなどのこぶりのアクセサリーがいいです。知らない人ばかりのところに行くときなどは、上品なものを使うと嫌な印象を持たれにくくなります。

デートのときは女子アナっぽいアクセサリーでゆらゆら。

プレゼンのときは、ゆらゆら揺れるものをつけていくと相手が集中できないのでぷちっとしたものを。

頭を使うときはフクロウのチャームと決めています。フクロウは知性の象徴なので、大小さまざまなフクロウを集めて「自分はできる」と言い聞かせています。

他にも、あまりに多忙だったりして女性らしさが発揮できないときは、がっつりしたハートのチャーム。どこかに行きたいな、今の状況から逃げ出したいなと思うときは飛行機とか鳥、ハチドリのチャーム。

験担ぎじゃないですけど、「こういうときにはこれをつけると大丈夫」っていうルーティンをつくっておくと、不安な予定も結構気楽にこなせたりします。

自分のテンションが上がるという観点からアクセサリーを集めるのも大事だと思います。

ネイルは上品なピンクグラデーション

オシャレがあまり得意じゃないという方には、ネイルサロンに行くことをおすすめしています。爪はいつでも自分で見えるので気持ちが高まりやすいです。3000円~4000円でできますしね。

色は上品なピンクグラデーションできまりです。

「ピンク……普通……」と思った方。

たしかに若い人ほど、グレーや紺、黄色とか黄緑とかベージュとか、ネイルにピンクじゃないものを選んでいるイメージがあります。

それは、若い人がどんな奇抜なネイルをしていても、それはとんがったファッションとして見ていられるからです。一般的な大人の女性がとんがるときは、計算してやらないと何かキャラクターみたいに見えかねません。

それに、人は年齢を重ねるほど清潔感が減ってくるのも事実。派手なネイルが汚い感じに見えてしまったり、爪が血色の悪い色だったりするとお手入れしてないように見えたりもします。

だから、オシャレにあまり自信がないという方にはとくに、ナチュラルで血色もよく見えるピンクのネイルがおすすめなのです。

チャームとかキラキラのストーンとかもやり過ぎ感が出てしまうので、通常時はつけないほうが無難です。

とくに男性は女性のオシャレにうといので、派手なネイルには「魔女にしか見えない」「会社に何しに来ているの」というような手厳しい意見も少なくありません。

爪は手をきれいに見せられることがいちばん重要なので、さらっと上品にっていうのが理想です。

パンプスは3色あれば一通り対応できる

若い女性が高級な靴を大切に履くのは素敵です。「まだ若いけれど高級なものを扱えます」っていうのは魅力や能力の高さのアピールになりますから。

でも、年齢を重ねていくと、流行のものも安いながら取り入れていろんなオシャレができる人のほうが評価されるようになります。経済的な事情もあるでしょうけど、そういう幅のあるセンスが光る人ってリスペクトされやすいんです。

だから高級な靴は入園式とか大切なときにとっておいて、普段履きは流行りを押さえたものを使っていきましょう。

基本は流行のものをシーン別に揃えていけばOKです。

スタメンとしては「黒」と「ベージュ」と「お気に入り」の3色は揃えてほしい。

靴って意外と重要視してない人が多いです。

黒い靴はみなさんすでに持っているので、次にベージュを買ってくださいというと、「ベージュですか?」って聞かれます。

ベージュはどんな服にも合いやすい万能選手ですから、一足あると本当に便利なんですよ。いわゆるヌードカラーで肌の色に近いので足も長く見えます。

歩きやすいアンクルストラップ（足首ストラップ）の靴は、足が上下に分断されることで短足に見えやすいのですが、ベージュやゴールドなど肌なじみがいい色なら問題ありません（黒は絶対避けてください。太いストラップなど問題外です）。

3足目のお気に入りの靴は、薄い色を選ぶ方も多いですが、それよりも濃い目の色を取り入れたほうがオシャレ感をかませます。濃いイエローとか濃い赤とか濃いピンクとかを履いていると、「おっ」と思いますよね。

「新しい靴はどこか新しいところへ連れて行ってくれる」っていうのはあながち間違っていません。靴を替えたからどこか出かけたくなるので、自分で自分を連れて行こうって感じで靴を新しくするのはおすすめです。

あとエスカレーターなんかでかかとが傷んでいる靴をはいてる方をよくお見かけするんですけど、すごく残念です。そういうのはさっさと断捨離しましょう。

安くても新しい靴であることが大事なんです。

高いヒールは女性のリスペクトを集める

女性からの人気でいうと、背が高い人は格好良いのでリスペクトが集まりやすいです。一方、背が低い人はかわいいんですけど女性からは舐められがち。

ですから、職場とか学校とかが女性ばかりであれば、ヒールが高めの靴を頑張ってはいたほうがリスペクトされやすいです。

逆に男性社会に生きてる場合は、あまりヒールが高いと、強そうで敬遠されるかもしれません。5〜6センチのローヒールのほうが安心してもらえるでしょう（ローヒールといってもぺたんこだと女性らしさがまったくなくなるので、あまりおすすめはしません）。

ヒールが高いパンプスは脱げてしまうので苦手だという方は、100均で売ってる透明バンドをしておくと脱げずに歩きやすいです。忙しく歩き回る就活生は、ローヒールでも取り入れていることが多いです。

ヒールは「細め」がエレガント

年齢を重ねると、パンプスやブーツのヒールがだんだん低くなる方は多いです。今は流行もあって、その傾向が余計強くなっているのかもしれません。

ただ、女性らしさという点でいえば、ヒールの高さはともかく、ヒールの細さは気にしてほしいなと思います。

20代のころはよくピンヒールをはいていた人の多くが、30代、40代になるとチャンキーヒールという太いヒールを好むようになります。

「ピンヒールはぐらつくのが不安」だし、「チャンキーヒールは安定していてラク」な気がするからです。

でも、せっかくはくんだったら、ピンヒールとはいわないまでも、せめて細めのヒールをはいてほしい。そのほうがずっとエレガントな印象です。

ある程度の年齢になって同世代の女性が細いヒールを履いているのを見ると、「わー素敵！」ってなりますよね。

ちょっとした集まりに出るときやお食事にいくときなど、気分が上がる細いヒールが一足あれば素敵な時間を過ごせます。

私はいつもみなさんにいうのですが、年齢を重ねていくのは仕方ないけど「どすこい系」にはならないでほしいんです。

太いヒールが悪いわけではないのですが、個人的には階段の下などから見ると力強くて地響きが聞こえてきそうな印象です（歩き方によるのは前提として）。

しぐさの面でいえば、腕を前後ではなく横に振ってどすどす歩く人とか、電車のなかでやたら場所を取る人とか、道のカーブで前からくる人にインコースを絶対譲らないとか。華奢とかエレガントとは真逆の「どすこい」って感じで残念です。

必ずしも「見た目＝所作」とは限りませんが、身につけるもので決まるイメージって確実にあります。

ヒールなんてちょっとしたことですが、細いものを選ぶことで、みんなが「大切に扱わなきゃ」と思ってくれるような美人の雰囲気をまとうことができますよ。

足元は季節感を大切に

ブーツは寒いからはくものではありません。

あれはオシャレアイテムなので、季節感を大事にしましょう。

濃い色のロングブーツは12月までにたくさんはいて、1月に入ったら春なので、キャメルやベージュなどの明るい色やショートブーツにしたほうがオシャレです。

とはいえ、あくまでも目安。そろそろしまおうかなと思ってもらえたら十分です。

間違えやすいのが、エナメルとスエードの靴。

エナメルは冬の素材なので秋冬にはきます。黒をはいている人が多いですが、大人っぽいかっこいいコーディネートのスパイスになりますよね。ただし、色の薄いエナメルは他のものから色が移ると絶対に取れません。バッグなんかも、色の薄いエナメルのものを持つときは、濃い色の服は着ないほうが安全です。

一方、スエードの靴は一年中はいて大丈夫です。革って、エナメルみたいに表革は冬感が出るのですが、裏革は毛羽立っていて重いイメージがないので春や夏にも向いています。お手持ちのものはたくさん活用してください。

あと、「タイツはいつまではいていいんですか」とよく聞かれるのですが、タイツのシーズンは基本的に2月まで。3月になってもはいていると、たいていはちょっとダサくなります。ここ数年は気候が安定しないので微妙ですが、基本は9月から黒いストッキングをはきはじめてタイツに移行していく感じです。

以前、8月20日くらいに、ノースリーブで真っ白のセットアップを着て、真っ黒のストッキングをはいている方がいたんです。「今日は雰囲気が違いますね」っていったら、「お盆も明けたし、私たちアパレル業界は先取りが基本だから、黒いストッキングにしました」とおっしゃって、負けた〜って思いました。彼女は私よりずっと若いのですが、トップ販売員だったので一瞬にして納得できましたね。

黒いストッキングはちょっとセクシーで苦手という場合は、夜の集まりやパーティではラメ入りにしておくと20デニールでもはきやすいです。夕方からのお出かけなら、昼間はナチュラルなものにしておいて、出かける前に黒にはき替えると「おっ」となります（男性は）。足元で雰囲気がガラッと変わりますから。

なによりオシャレして来た感が出るので、主催の方にも失礼になりません。

バッグはなるべく小ぶりなものを持つ

お出かけ用のバッグを選ぶときは、入れるものを厳選して物を大切に扱うという気持ちで選びましょう。

バッグに合わせて小さく収納できるものを探すのもスキルです。

お財布なら長財布ではなく2つ折りや3つ折りのものを探す。

コスメは結構たくさん持ち歩く方が多いんですけど、よく使うものだけを厳選したヘビロテポーチと時々使うものポーチを分けましょう。

「今日は短いお出かけなのでよく使うヘビロテポーチのみ」というふうに持ち歩く量を減らせます。よく使うものなので、リップとか小さな鏡のついたコンパクト、眉毛がとれやすい方は眉毛一式、ボディミストくらいです。血色が悪い方はチークも持ち歩いたほうがいいですね。

アイライナーやマスカラなど、たまに使うものは時々使うポーチのほうに入れて、使わなそうであれば置いていきましょう。何でもかんでも持ち歩くというのは（自戒も込めて）エレガントではありません。

バッグはいちばん幅があるところが顔の長さより小さいものを選ぶと、女性らしく見えます。

カバンが横長なら横幅が顔の縦の長さを超えないようにするのが鉄則です。

通勤用のバッグなどではムリな方もいるでしょうが、パーティとか謝恩会とか全身が見られるときは、この鉄則を必ず守ってほしい。

クラッチバッグにしても斜めがけにしても、この長さを超えると野暮ったくなります（ちなみにクラッチバッグは常に持ってないといけないので、立食の集まりには向きません）。

大きいバッグに全部入れたい方は、立食パーティーなどでは2つ持ちにしましょう。もしくは、着席だったら足元に荷物がおけるのでパーティーバッグとサブバッグの2つ持ちにしましょう。

写真を撮るとき用に顔より小さいものを一つ用意しておくとよいでしょう。

ふわりと「いい香り」をまとうための心得

香水は種類によって香りの強さが違うので注意が必要です。

香水の中でもパルファムという種類はもっとも香りが強いタイプ。持続時間も長くて7時間くらいもちます（オーデコロンは2時間弱くらいです）。

詳しくない方が5プッシュつけて気持ち悪くなったとおしゃっていて、そうだろうなあと思ったことがあります。普通は1プッシュでも多いくらいなので。

香水はずっと香りがしているというのはつけすぎで、歩いたときにふわっと香るくらいがちょうどいいのです。上半身につけると匂いが充満するので、おへそとか足首につけると品がよくなります。

それに、香水と他の香りが混じると臭いので、他の香りを抑えることも必要です。

洋物のコスメは、パウダーの香り、リップの香りと一つ一つが際立っていますので匂いが少ないものに差し替えましょう。制汗剤や整髪料(どちらも結構匂います)、柔軟剤も無香料のものにして、香水の香りを邪魔しないようにしましょう。

メガネと帽子は美人を隠すためのもの

オシャレメガネや帽子が流行ると、「伊達メガネをかけたい」「帽子をかぶりたい」という方が多くなりますが、これで素敵に見えることはないです。

メガネと帽子は基本的に、きれいな人が美人であることがバレないようにブサイクに変装するためのものと思ってください。

変な格好でスーパーに行くときの変装用ならありですが、メガネをしたからすごくあか抜けるなんてことはありません。これらのアイテムをダブルで取り入れて美人に見えたいというのはムリです。

とくに帽子は自分でも気づかないうちに嫌われやすいです。帽子を被っているショップ店員さんは少し気取って見えるので、売上げが悪いというのが通説です。

目が悪い人以外は、メガネも帽子も日焼け対策とか花粉症対策くらいでいいと思います。

ファーは、過ごしやすい季節のオシャレに

ファーには、フェイクファーとリアルファーがあります。

フェイクファーは値段がどんどん高騰し、リアルファーのほうは安いのがどんどんで出てきているので、価格はほとんど同じです。お金のある方でも信念があって私はフェイクファーを着るという方もたくさんいらっしゃいます。

リアルファーは本物ならではの質感が素敵ですし、フェイクファーは手入れが簡単というメリットがあります。使い分けるとしたら、今日は室内のパーティーだからふわふわ感を出してリアルファーとか、外でミカン狩りだから気を使わなくてよいフェイクファーとか用途で変えていくのがいいと思います。

注意してほしいのは、ファーというのは、春や秋に合服として着るものだということです。真冬に着るものではなくて、ちょっと肌寒いなってときにブラウスなんかの薄いものにぱっと羽織るのがオシャレなんです。ファーベストなんかはまさにそう。本当に寒い時期の防寒着としては適当ではないので気をつけてくださいね。

ビニール傘は使わない

デートに使い捨てのビニール傘をもってくる女性は、男性から見るととても残念だそうです。

「使えればなんでもいい」という雑な感じとか、微妙にモノを大切にしない感じとか、女性らしい華やかさに欠けるところとか、傘一本でもいろいろ感じるものはあるのでしょう（彼らが自分を棚に上げているのは置いておきます）。

女性から見ても、ビニール傘の人より、その人が好きそうな傘を持っている人のほうが、なんだか楽しげに見えます。

だから高価なものでなくてもいいので、長い傘と日傘と折りたたみ傘は、自分のお気に入りのデザインで用意しておくといいと思います。服のコーデに合っていなくてもいいし、自分がさして気分が上がればどんなデザインでもいいです。

あと長い傘を持つときは、ちゃんと縦に持ちましょう。

やり投げみたいに横に持つと場所を取って品がないし、他の人の迷惑になります。

革のバッグは肌と同じでデリケート

革のバッグは、多くの人が思っている以上に劣化が激しいアイテムです。雨が降りそうな日は、革のバッグはしまっておいて雨の日用のカバンを使いましょう。晴れた日は本革、雨の日は合革というくらいの使い分けはできたほうがいいです。そもそもずっと同じバッグばかり使っていると劣化が早まります。

革のバッグが雨に濡れてしまったら一週間は使わないで、中に新聞などを詰めて陰干ししましょう。何もせずに日にあてると、より劣化してしまいます（革靴のお手入れと同じです）。

雨のシミがついたら一週間陰干ししたあと「デリケートクリーム」を薄く塗り込んで雨ジミを薄くする努力をします。雨ジミは完璧には取れないので色を薄くするのが精一杯です。

あと、革のバッグは肌と同じだと思ってください。晴れた日であっても、日にあたれば乾燥や紫外線でレザーは劣化します。

そういう私も若いころにルイヴィトンのバッグを愛用していましたが、お手入れなんて一度もしたことがありませんでした。45歳過ぎてからレザーバッグのブランドをお手伝いするようになって初めてお手入れが必要なことを知ったのです。

あのころ、意気がって持っていたブランドバッグも年上の方から見たら、サマになっていなかっただろうなと思うと恥ずかしくなりました。

高価なものをきちんとメンテナンスして使っていくというのは、大人の女性のたしなみとしてマスターしておきましょう。

「買いたいものに出会わない」のはなぜ？

お買い物に行っても、「ありきたりのものしか売っていない」「普段の服装に悩んでいるけど、買うほど素敵なものに出会わない」という方がいます。

どういうことかというと、まず25歳オーバーから黒っぽい持ち物が多くなってきて、汚れも目立たず長持ちするので捨てられない。すると「黒を買う↓捨てない↓家にある」の無限ループに嵌まり出します。

そして、30歳を過ぎると、「もう持っている」とか「10年前流行って着てたな」って言って、何を見ても魅力を感じられなくなってくる。

これは精神面の老化が始まっているのです。まずは、少しでも気になったものがあれば買ってみるのがここから脱却する唯一の方法です。

長いあいだものを買っていないと、美しいもの、ワクワクするもの、自分にぴったりくるものなどに対してアンテナが鈍ってきます。自分には関係ないと思ってしまうから、好奇心が働かないのです。

だから、私は「100均に行って好きなだけ買う練習からはじめてください」といいます。たくさん買っても2000円だからって。100円のものだって、実際にお金を払うとなったら真剣に選ぼうとしますよね。

今は若い人もあまり物を買わなくなっていますが、それでも好奇心は強いです。食べたい、行きたい、ほしい。

お金がないなりにやりくりしていろんな経験に投資しています。

でも、大人になると家計も苦しいしって、すぐ諦めるほうへ意識が向かいがち。なかなか「あ、素敵！」という気持ちにならないのは若さがなくなっているのと同じで、ともすれば世間からちょっと浮いてしまいます。

もう似たものを持っていると思っても、実際に比べたら今流行のものとはまったく違います。安いものだって今の気分に合わせて持っていたら楽しいですから。

第5章

美人の雰囲気は
しぐさでつくる

gesture

一回の動きで一つのことしかしない

大人の女性ががさつな動作をすると、見ているほうはぎょっとします。

10代の女の子ならともかく、大人の女性で所作がうるさい人は違和感しかありません。


身のこなしを美しくするためは、「効率良く動こうと思わないこと」です。

「一回の動きで一つのことしかしない」ことを心がけましょう。

食事中に、箸を握った状態のその手で醤油を取ろうとする人や、塩の小瓶を定位置に戻した帰りの手で今度は胡椒の小瓶を取ろうとする人など、よく見かけます。

これをやってしまうと品がなく見えます。

たかだかテーブル程度の広さのなかで、あれとこれを一緒にやろうとか、これを置いた帰りにあれを取ろうとか欲張っていると、見ている人に自分本位な印象を与えてしまうのです。

箸はいったん箸置きにおいてから、醤油を使う。

塩を使ったら元の位置に戻して、テーブル上の自分の手もいったんは自分のほう（できればひざの上）へ戻す。そして改めて胡椒のほうへ手を伸ばす。

これができる人とできない人とでは、まったく印象が違ってきます。

「ゆっくり動く」というのは、自信があって魅力的な人の特徴です。

こんなふうに一回一回、行動を完結させていくクセをつけると、和食の会合などで自信をもって振る舞うことができます。

なお、食事会など大きなテーブルのときは腕を伸ばして物を取るのではなく、遠慮しないで「〇〇を取っていただけますか」とお願いしたほうがエレガントです。

ハイクラスのテーブルマナーでは、テーブルにひじより上は出さず、なるべくその範囲で手が届くことしかしない、というのが所作を美しく見せる動作なのです。

食べるのが遅い人は手が止まらないように

食べるのが遅い人にとって悩ましいのがコース料理です。

コース料理の場合、最後の人が食べ終わるまで次の料理をもってきてくれないことがあります。でも、食べるのが遅いからといって、食べることに集中して会話をしないわけにはいきません。

食べるのが遅い人は共通の特徴があります。

自分も昔、そうだったからわかるのですが、次の3つのどれかに当てはまっている人は、それを改善するだけでラクになります。

・一口が小さい
・ほとんどの時間手が止まっている
・話してばかり、または聞いてばかり

大事なのは、お料理を口に入れるタイミングを計算していくことです。

お食事のときは、本当は口に入れたものを飲み込んでから、次の一口の準備をするのが美しいです。

ただそれでは遅くなる場合は、話している最中も、口に何か入っていても、手だけは休めずにお料理を切り分けておきましょう。そして、話が横にいったときに「そうなんですか、わかります」といいながらパクッと食べてしまいましょう。

あるいは、できるだけ聞き役に徹するのも一つの手です。相手の話を聞きながら大きく二回うなずいてパクっ！　このタイミングで口に入れるのを繰り返します。

食べるのが速い人はどんなにしゃべっていても食べるのが速いので、聞いているあいだ手を止めていたら太刀打ちできません。

食べるのが極端に早い、もしくは遅いというのは、意外と嫌われる確率が高いです。嫌われないにしても場の雰囲気を読めない人認定をもらうかもしれません。

エレガントにペースを調整して食事を楽しむ。ここを目標にしましょう。

つかむ動作のときは直前にゆっくりと

ものをつかむときは、「直線でゆっくり」にするとエレガントです。

たとえば、机の上のペットボトルを取るとしましょう。近くまではさっと手を伸ばしてもいいのですが、5センチくらいの距離になったらそこからは動きをゆっくりにして取る。「これはスローモーションか？」と思うくらいで大丈夫です。

落としたペンなどを拾うときも、さっとしゃがんで手を伸ばしてもいいのですが、やっぱり5センチくらいの距離からは動作をゆっくりにして拾います。

エスカレーターの手すりも、つかむ瞬間をゆっくりにするとプリンセスふうです。

お金を払うときと受け取るときも、ゆっくりトレイに置いたりゆっくりトレイから取りましょう。お金をがさつに扱う動作は見ている人に不快感を与えます。

対象物との距離にもよりますが、できるだけ脇を締めてひじは体につけた状態で取るようにすると、より魅力的です。男性は絶対にやらない動作なので、女性らしさが際だって好印象まちがいなしです。

「相手を認識してから」対応しよう

誰かに声をかけられたときなど、「なになに？」といきなり全身がそちらを向く人がいます。これは、ゆるキャラとか子どもに特有の動きです。とくにゆるキャラは首がないので、身体ごとそちらを向くしかできません。

大人がこれをやると、やたら情報に飛びつく品のない人に見えてしまいます。

こういうとっさのときにも「ゆっくり動く」ことを心がけたいもの。

呼びかけられたら、まず気になるほうに顔を向けながら横目で相手を確認しましょう。そして、必要に応じて身体の向きを変えていきます。これだけでゆっくりに見えるのです。

ゆっくりの動きは、相手を受け入れる余裕にもつながっています。

たとえば誰かが自分にクレームを言いにきたとします。

「ねえ、ちょっと話があるんだけど」って。

そのとき、まず目で相手を確認してから「なあに？」って少し身体の向きを変えると、相手のカーッとなっている気持ちがちょっとだけ落ち着きます。

こちらにきちんと話を聞く用意があることがわかるからです。

もちろんクレームの深刻さによっては「余裕かまされてるな」って火に油を注ぐかもしれませんが、たいていはワンクッションはさむことでクールダウンします。

逆に、しっかり相手を認識せずに「なに？」振り向くのはただの反射です。「用件なら聞きますけど」という感じに見えてしまいます。

わざわざ足を運んでいる相手からすると、イラッとしますよね。

また、相手が怒りを一方的に吐き出してくるときは、ワンクッションとして「まばたき」を使う方法もあります。

相手がしゃべっているのを聞きながらゆっくりまばたきを一回すると、そのまばたきのペースで相手のペースがちょっと遅くなります。コミュニケーションの速度を落とすことで、相手の怒りを軽減する効果があります。

大事なことは、せわしく動かないようにすることです。

「ワンクッションの余裕」が人に好かれるコツなんです。

あえて伏し目がちに笑うのも魅力的

やり方によってはあざとくも見えるのですが、隣にいる人を引きつける魅力的な笑顔の見せ方があります。

たとえばドライブのような誰かの隣に座るシチューエーション。

まず、胸のあたりで何かものを持って、これを見つめてください。結構下なので、あごをきゅっと引かないと見つめられないです。

この状態から、隣の人がいるほうの自分の肩に視線を移して、肩を見つめたまま笑ってみてください。そのあとゆっくり顔を上げて相手を見ます。

直接に相手に向かって笑いかけないことで、相手からは伏し目がちな女性らしい笑顔に見えます。自然にできるとかなり好感を持ってもらいやすいです。

整理すると、最初から相手ににっこりするのではなく、

①一回下を向く

②相手側の自分の肩に視線を移す
③肩を見たままにっこり笑う
④にっこりしたまま相手に視線を移す

の手順です。

ちゃんとまつげメイクをしていれば、伏し目のときにより美人度が高くなります。ちょっと控えめな感じは男女関係なく好感を持たれますし、子どもにも効果がある笑顔の見せ方です。

ご主人やお子さんに物を頼むときに「ママ疲れちゃったんだけど、たこやき食べたいな」っていう感じで使ってみてくださいね。

電車のなかで地が出ていませんか？

電車のなかでイヤホンをしてスマホを見ていると、無意識にその人の地が出やすくなるように思います。

家にいるような気になるのか、女の子でも平気で鼻をほじっていたりしてびっくりします。他にも、口を開けている人や、歯の掃除をする人や、髪をずっと触る人とか、唇をなで続ける人や、首が前にがくっと折れている人や、女性ですごく足を広げて座っている人など……。

視覚と聴覚と2つの感覚が支配されると集中しすぎて地が出るのだと思うのですが、これは自分で気をつけないと恥ずかしいですね。

また、スマホはどうせなら美しく持ちましょう。片手でもって画面操作する人がとても多いですが、もう片方の手もスマホに添えるときれいです。小さい子が小さい両手で物を大切に持つイメージです。手荷物などがあると難しいのですが、ものを持つときはなるべく両手を使うとエレガントです。鏡で確認してみてください。

立ち姿に気持ちがあらわれる

立ち姿が美しい人って魅力的です。たとえば人を待っているときや仕事中などに、後ろで手を組んだり、前で腕組みしたりするのは、美しくありません。

後ろで手を組んでいる社長ポーズはあごが上がってお腹が前に出てしまいますので、なんだかかっこ悪い。前での腕組みは拒絶のサインですから、近寄りがたくて声をかけにくいです。

あとは、疲れたふぜいで腰に手を当ててため息とか（ものすごく老けて見えます）、片足に重心をかけて片方の靴を脱いでいるとか。

エレガントに見せるなら、両足に均等に重心をかけて、右手のうえに左手を添えて丸っこく握った状態で立っているのが好感度が高いです。

ついでにあひる口トレーニングで口角が上がっていると、表情が柔らかくなるので、話しかけやすい雰囲気になります。

写真を撮るときのポーズの取り方

写真は、映り方のテクニックを知っている人がいちばん美人に映ります。みんなでシェアするにしても、思い出の一ページとして残すにしても、後悔がないようにしたいもの。最後に瞬時に対応できる写真の撮られ方を紹介します。

・トップスによってポーズを変える

ふんわり袖のトップスのときは脇の下からひじまでは、体にぴったりくっつけておきましょう。ボリューム袖で脇が開いているとガンダムみたいになってしまうからです。そして、ひじから先は身体から離します。手首と身体のあいだが20センチあいているくらいが素敵に見えます。

逆にノースリーブの服を着ているときは、腕は身体から離します。脇を締めて腕が身体にくっついていると、腕のお肉がつぶれて太く見えるからです。腕は身体から離して、手のひらが下を向くようにするといいでしょう。

カーディガンを着ているときは、急いで脱いで肩に引っかけるように羽織り直すとすごく細く映ります。これはどんな服でも華奢に見せてくれるのでおすすめです。「撮るよ」って言われたらすぐ脱ぐって感じですね。

・バッグによってポーズを変える

バッグをひじにかけるときは、ひじは脇につけて手は軽く外にむけるポーズで持ちます。ひじが身体から離れるとおばちゃんぽくなるので注意しましょう。

小ぶりなバッグを片手で持つ場合は、もう片方の手をバッグを持つ手に添えると上品に映ります。

・ポーズで細く見せる

立ち姿を撮るときは、顔は正面を向きながら、身体は斜めに立つと細く見えます。腰から上だけ正面に向ける感じです。腰をひねることでより細く映るのです。

椅子に座っているときの写真も同様の腰のひねりを意識してください。斜め向きに座って上半身を正面に向けるように振り返ると、やっぱり腰が細く見える。

足の位置にも注意しましょう。ミスコンなどで腰に手をあてるポーズを取っている女性の左右の足は、そんなに離れていないように見えますが、実際には前足と後

【写真】手足に動きをつけると抜け感が出る

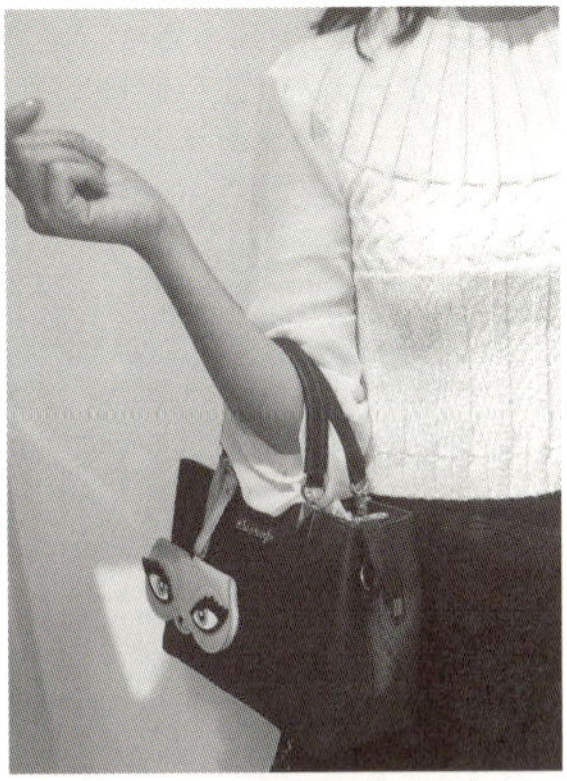

脇を締めてひじから先を外に向けると品がありつつ自然な印象

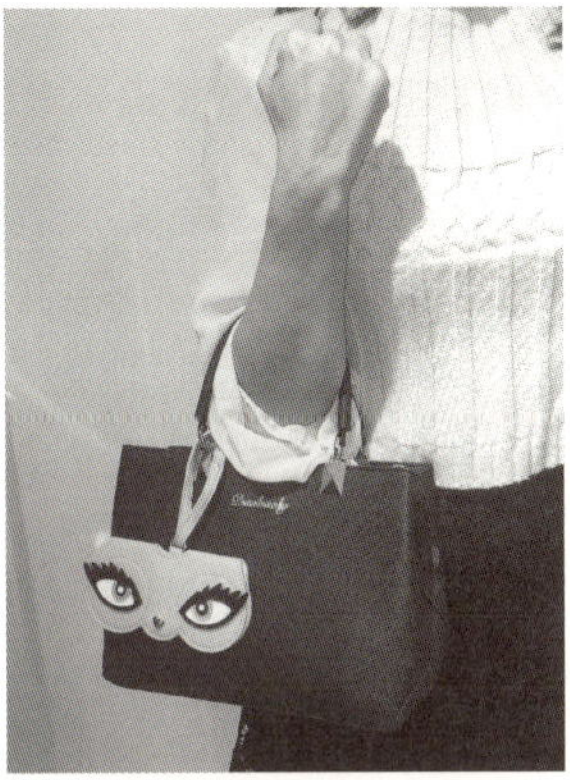

ひじから先を胸の前にもってくると余計な力が入って見える

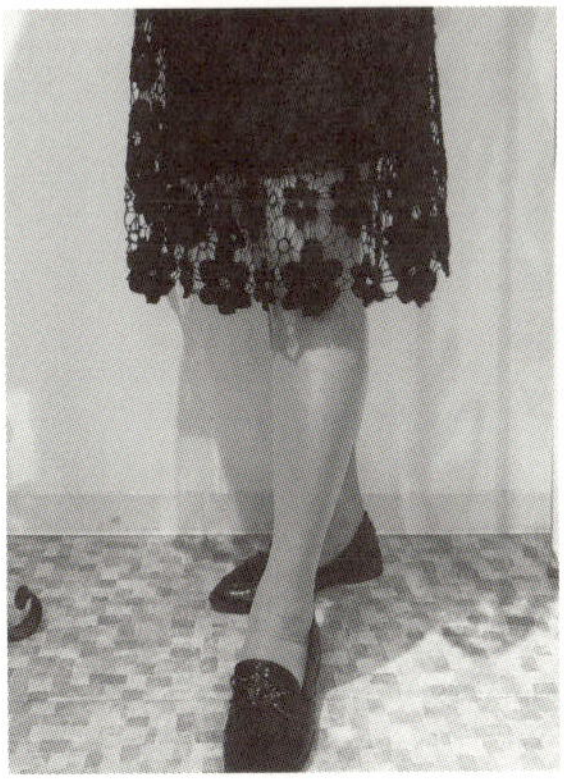

片足を前に出すことで、足が長く見えるし洗練される

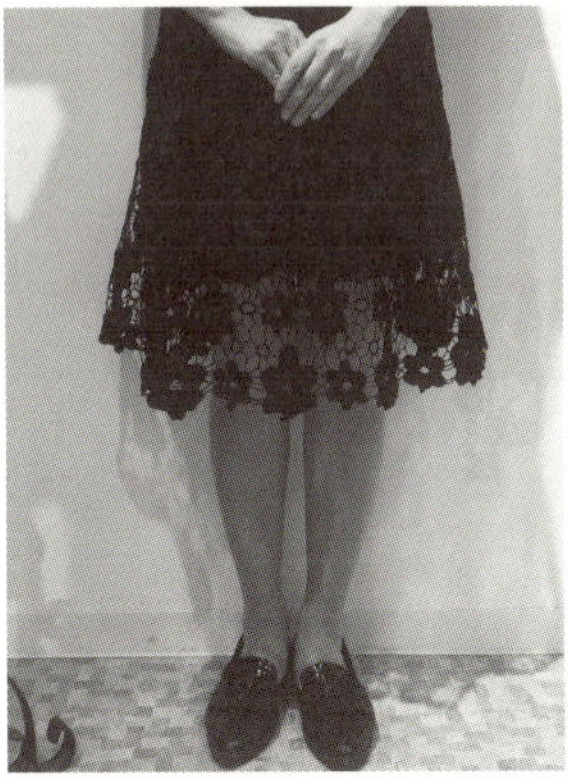

足を揃えているとちょっと硬い印象（待ち合わせなど普段の立ち姿としては◎）

ろ足は30センチ以上離れています。

ちょっとつらい姿勢ではあるのですが、後ろ足で重心を取り、片方の足をもう片方より30センチ前に出すと、立ち姿がとてもきれいに見えます。できるのであれば、前足の方の腰をぐっと引き上げる。足がつりそうになりますが、ここまでできたら足も長く見せることができます。

カメラで撮っているのなら、前に出た方の足のつま先がカメラのほうを向くようにすると、カメラマンから見ると両足が一直線に重なって長く細く写ります。

・複数人数で映る

隣の人の肩や腕に手を添えるポーズは細く見えます。

何人かで並んで写真を撮る場面で、いちばん端になったときには使ってください。

たとえば3人で写るとき、端の人が真ん中の人にもたれかかるポーズは、細く（しかもかわいく）見えるテクニックです。逆に、いちばん端でそれをしないと膨張して見えてしまいます。

いかがでしょう。迷ったときはこれらのポーズをぜひ試してみてください。

写真で「だらんと手ぶら」はハードルが高い

写真を撮ってもらうときは、何かしらかわいいアイテムを手に持つと、簡単に女性らしさを出せます。だらんと手ぶらで素敵に写るのは、じつは難易度が高いです。

たとえば、サングラスとかペン、リップグロスみたいなコスメだと、出先でも私物で持参していることが多いですよね。

リップグロスのような長いものなら、いちばん下をつまむように持ち、銘柄が見えるように手首スナップをきかせます。ペンも形状が似ているので同じ持ち方で大丈夫です。サングラスだったら、レンズを上にして端っこを摘むように手首のスナップを効かせて持ちましょう。

丸いコスメなら、OKポーズで親指と人差し指で挟んでもっと手元がかわいく見えます。親指と人差し指を広げて、この2本の指だけでつまむ。もちろん銘柄が見えるようにです。

グラスなら、シャンパングラスがちょうどいいです。

シャンパングラスは、グラスの下4分の1を、二本の指だけで軽くつまむ感じで持つときれいです。手のひらで握らずに指で持ってください。手首にスナップを効かせて完成です。

実際にやってみると、グラスが斜めにならないように真っ直ぐ持つのは結構大変です。これが上手にできる人は、だいたいパーティー慣れしている方です。

ただ、同じグラスでも「女性らしさ」という観点でいうと、ビールとか焼酎とかのグラスは形が微妙です。選ぶ余地があるときは、持つものは厳選してくださいね。

【写真】手にスナップをきかせて持つ

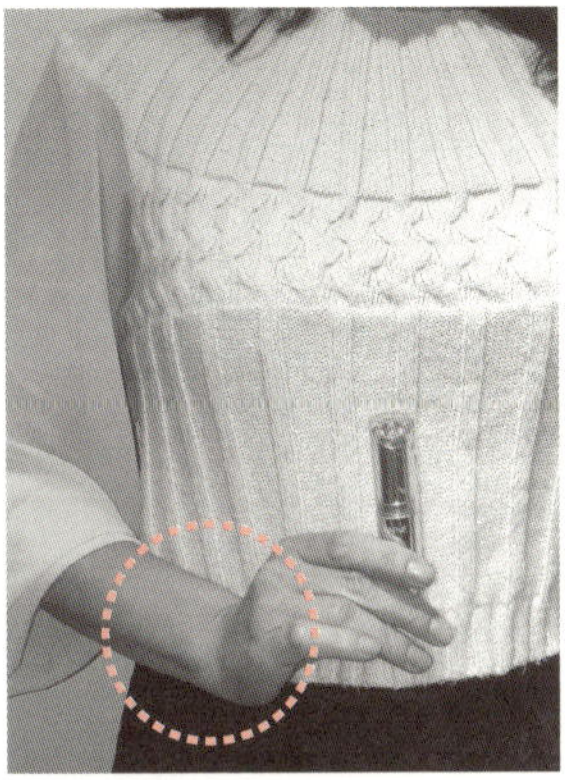

長いものをもつときは
いちばん下をつまむ

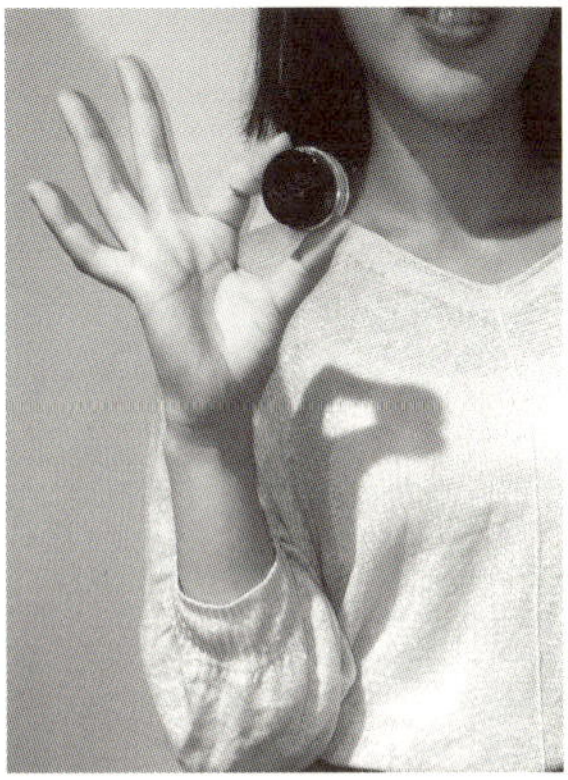

丸いコスメをもつときは
ＯＫポーズで

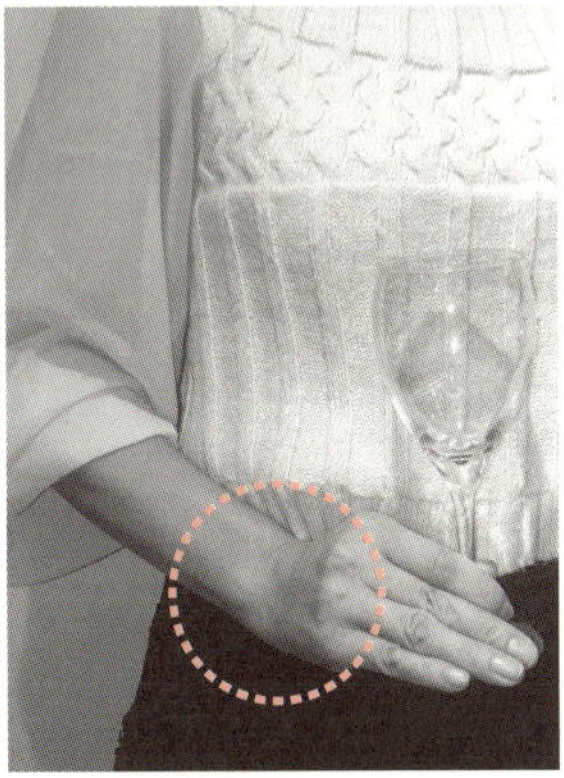

シャンパングラスをもつときは
下４分の１を親指と人差し指で持つ

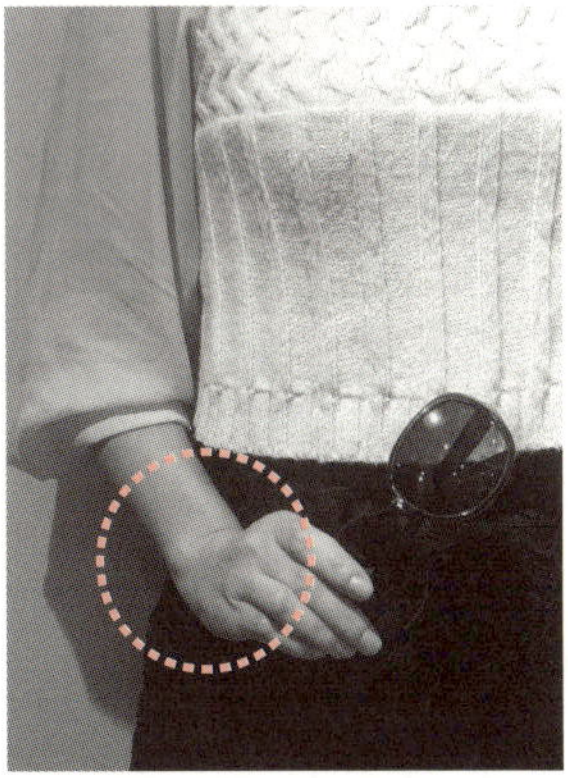

サングラスをもつときは
端をもってレンズをカメラに向ける

おわりに

最後まで読んでいただきありがとうございます。

いかがでしたか？「あるある、私もそうしてる！」と共感していただけることも、「そんなことして本当に意味あるの？」と思われたこともあったかもしれません。

でも、すべてのノウハウを自信をもっておすすめします。どれも、4万7000人の方のスタイリングを担当させていただいたなかで、「この人、どうして素敵なのだろう？」「ここを変えたらもっときれいになるのに」と研究し続けて編み出した法則ばかりだからです。

私は40代に入ってから、これでもかこれでもかと仕事やプライベートで問題にぶちあたりました。逃げ出したくなる私の気持ちに自信を持たせてくれたのは、「私に似合っている」「私を魅力的に見せてくれる」と、私自身が確信できるグリーンやオレンジ色のお洋服、そしてアクセサリーでした。

イヤなビジネスミーティングに行くときは、キラキラ輝くピアス、そして髪はあえてのストレートヘアで意思の強さをあらわし、腕組みをせずに相手を待ちました。「私との商談はすんなりはいきませんよ。でも話せば解決策はあるはずです」というメッセージを込めたスタイルです。

「ここで絶対決めたい！」と思ったデートには、ゆらゆら揺れるドロップピアスに白×ベージュのコーディネートで、「さっさと決めないと、私、逃げちゃいますよ」という雰囲気を出すようにしました。

こんなふうに戦略的にオシャレを使っていくことで、結構いろんなことがうまくいきました（もちろん１００％が見た目のおかげとはいいませんが）。

私たちは、身体の面積の80％くらいは自由にカスタマイズできます。

モテなければモテる髪型をすればいい、貫禄がないなら貫禄がつく服を着ればいい、それだけです。自分の印象をコントロールできれば接する人の対応も変わります。そこから出てくる心の余裕が好感度の高さを支えることにもつながります。

本書が、みなさんがさらなる魅力を発揮されるための一助となれることを、心から願ってやみません。

〈著者紹介〉
髙橋有佐妃（たかはし・あさひ）
1969年、愛知県生まれ。静岡県立大学国際関係学部卒業。在学中にテレビCM出演や司会、レポーターとして活躍。大学卒業後は、家業のアパレル事業で店舗接客及び運営の経験を積み、経営マネジメントにも携わる。大型ショッピングセンターにおいて最大7店舗の女性向けセレクトショップをプロデュースし、テレビ番組で取り上げられるなど「美人女性経営者」として全国的に注目を受ける。離婚を経験し、現在1男1女を育てながら、経営者としても活躍中。パーソナルスタイリスト協会理事としてアパレル業界の教育に携わる。ミセス日本グランプリやミスブライダルモデルグランプリの公認イメージコンサルタントとしてコンテスト参加者たちへの指導を行う傍ら、女性の生き方を伝える講演セミナーを行うなど、精力的な活動を行っている。

最短で好かれる美人になる

2019年11月22日　第1刷発行

著　者――――髙橋有佐妃
発行者――――八谷智範
発行所――株式会社すばる舎リンケージ
〒170-0013　東京都豊島区東池袋3-9-7　東池袋織本ビル1階
TEL 03-6907-7827　FAX 03-6907-7877
URL http://www.subarusya-linkage.jp/
発売元――株式会社すばる舎
〒170-0013　東京都豊島区東池袋3-9-7　東池袋織本ビル
TEL 03-3981-8651（代表）
03-3981-0767（営業部直通）
振替 00140-7-116563
URL http://www.subarusya.jp/
印　刷――ベクトル印刷株式会社

落丁・乱丁本はお取り替えいたします

ISBN978-4-7991-0859-8